Nadia Klaczko-Gaeth
Heike Lemke

Besser in Spanisch

Grammatik 1./2. Lernjahr

Cornelsen
Power Learning

Cornelsen online

http://www.cornelsen.de

Gedruckt auf chlorfrei gebleichtem Papier
ohne Dioxinbelastung der Gewässer.

Bibliografische Information
Die Deutsche Bibliothek verzeichnet diese Publikation in der Deutschen Nationalbibliografie; detaillierte bibliografische Daten sind im Internet über http://dnb.ddb.de abrufbar.

Dieses Werk berücksichtigt die Regeln der
reformierten Rechtschreibung und Zeichensetzung.

6. 5. 4. 3. Die letzten Ziffern bezeichnen
06 05 04 03 Zahl und Jahr der Auflage.

Redaktion: Heike Friauf, Berlin
Umschlagentwurf: Bauer + Möhring, Berlin
Illustrationen: Roland Beier, Berlin
Typografie: Julia Walch, Bad Soden
Herstellung und Umbruch: Kristiane Klas, Frankfurt am Main
Lithografie: Tom Harwerth Herstellung, Frankfurt am Main
Druck- und Bindung: Tesinska Tiskarna, Cesky Tesin
Printed in the Czech Republic
ISBN 3-589-21829-0
Bestellnummer 218290

Inhalt

BARCELONA

¿Qué tal?

Wie geht's?

Wer seine Kenntnisse in spanischer Grammatik verbessern und vertiefen möchte, ist hier gerade richtig. Dieses Buch ist für alle geeignet, die ihr Wissen festigen und Unklarheiten beseitigen wollen, ob im 1. oder 2. Lernjahr in der Schule oder Berufsschule oder in einem Spanischkurs für Erwachsene.

Grammatikübungen müssen nicht langweilig sein. Ein Gespräch auf dem Flohmarkt? Wichtige Fragen im Reisebüro? Ein spanischer Brief? – Die Übungen bieten neben der Grammatik viel Gelegenheit, spanische Vokabeln und Ausdrücke zu wiederholen.
So kann man sich ganz nebenbei auf Gespräche und Situationen vorbereiten, in denen man Spanisch verstehen und sprechen will.

El toro, der kleine Stier, gibt bereitwillig Auskunft und begleitet durch das Buch.

¡Ojo!

El ojo heißt auf Spanisch „das Auge". Darauf zeigen Spanier, wenn sie „Vorsicht", „Achtung" sagen wollen. Dieses Zeichen weist auf mögliche Fehlerquellen und Stolpersteine hin.

Und wie lautet am Ende die Antwort auf die Frage „¿Qué tal?"? Nicht einfach nur „¡Bien!". Denn die Grammatik bietet noch viele andere Möglichkeiten, die alle in diesem Buch vorkommen.

Viel Spaß und *mucha suerte*!

¡Soy un toro!

1. *Ser, estar* und *hay*

Bildung

Das deutsche Verb **„sein"** hat im Spanischen zwei Übersetzungen: ***Ser*** bezeichnet Eigenschaften, von denen man denkt, dass sie für eine Person oder eine Sache charakteristisch bzw. dass sie konstant sind; ***estar*** benutzt man dagegen, um vorübergehende Zustände auszudrücken.

Dies sind die Formen:

	ser	***estar***
(yo)	soy	estoy
(tú)	eres	estás
(él/ella/usted)	es	está
(nosotros/nosotras)	somos	estamos
(vosotros/vosotras)	sois	estáis
(ellos/ellas/ustedes)	son	están

1 Setze die korrekte Form des Verbs *ser* im Präsens ein und wähle ein passendes Adjektiv aus dem Kasten aus.

Ejemplo: *Marta y Ana son madrileñas.*

1. María ______ ______
2. Ellos ______ ______
3. Nosotros ______ de Guatemala.
4. ¿ ______ ustedes ______ ?
5. Lidia y Dolores ______ ______
6. (Yo) ______ Juan, ¿y quién ______ tú?

simpáticos	*uruguayos*	*alemana*	*francesas*

2 Schau dir die Tabelle an und setze die entsprechende Form des Verbs *ser* im Präsens ein. Kreuze die Elemente der Tabelle an, die in Verbindung mit dem Prädikat einen sinnvollen Satz ergeben.

Ejemplo: *Jorge es el primero. Jorge es de Colombia. Jorge es electricista.*

Die anderen Kombinationen sind nicht möglich wegen des anderen Geschlechts bzw. des Plurals.

	eine Form von *ser*	de Colombia	electricista	argentinos	el primero	ricos
Jorge	*es*	×	×		×	
Nosotros						
Yo						
Carmen y Juan						
Vosotros						
Tú						
Ana						

3 Setze die entsprechende Form des Präsens des Verbs *estar* ein.

1. Los hoteles ______________ en la calle Cervantes.
2. Nuestro guía ______________ al lado del autobús.
3. El pasaporte ______________ en la maleta.
4. ¿Cómo ______________ (tú)? (Yo) ______________ regular.
5. ¿(Vosotros) ______________ de vacaciones?

   Sí, (nosotros) ______________ de vacaciones.

Gebrauch

Wann nehme ich denn nun ***ser*** *und wann* ***estar****?*

Es (er/sie/es ist, Sie sind, sie sind) ...
¿Es español? Sí, **soy** español, **soy** de Madrid.
¿Qué **es** esto? **Es** un libro.

> vor Substantiv oder Pronomen bzw. Infinitiv, die wie ein Substantiv gebraucht werden, und zur Identifikation von Dingen

Uno más uno **son** dos.
Son las dos.

> mit Zahlen und zur Angabe der Uhrzeit

Esta máquina **es** nueva.
Ana **es** guapa. (Anna ist hübsch.)
Ana **es** orgullosa. (Anna ist eingebildet.)
Ana **es** lista. (Anna ist intelligent.)
La carne **es** mala. (Das Fleisch ist von schlechter Qualität.)

> vor Adjektiven, beschreibt Eigenschaften, die als wesentliches Erkennungsmerkmal des Subjekts dienen

Está (er/sie/es ist, liegt, befindet sich) ...
La blusa **está** en la maleta.
¿Dónde **está** Madrid? Madrid **está** en el centro del país.
¿Lima **está** en Perú? Sí, claro, Lima **está** en Perú.

> zur Angabe des Ortes, der Stellung oder der Lage

Ana **está** guapa. (Anna ist heute hübsch; im Sinne von „ist heute hübsch gekleidet")
Ana **está** orgullosa de su examen. (Anna ist stolz auf ihre Prüfung.)
Ana **está** lista. (Anna ist fertig mit der Arbeit.)
La carne **está** mala. (Das Fleisch ist schlecht geworden.)

> vor Adjektiven zur Angabe des augenblicklichen Zustandes

¡Ojo!

¡Ojo! Die Adjektive werden in Anzahl und Geschlecht an das Subjekt angeglichen.

4 Beschreibe die Personen und benutze dabei korrekt die Verben *ser* und *estar* im Präsens.

Azucena

- *española*
- *simpática*
- *en un kiosco*
- *de buen humor*
- *amiga de Marcelino*

____
____
____
____
____
____

Marcelino

- *estudiante*
- *contento*
- *Burgos*
- *inteligente*
- *en una residencia universitaria*
- *en clase*

____
____
____
____
____
____

5 Setze die korrekte Form des Präsens der Verben *ser* und *estar* ein.

1. Nosotros ______________ en el hotel que ______________ en la plaza nueva.
2. El hotel ______________ grande.
3. El camarero ______________ en la cocina.
4. __________ la primera vez que (yo) ______________ en Sevilla.
5. ¿ ______________ (vosotros) ingleses? No, (nosotros) ______________ de Australia.
6. Estos chicos ______________ simpáticos.

6 Forme mit Hilfe der folgenden Satzelemente inhaltlich richtige Sätze und setze jeweils *ser* oder *estar* zur Verknüpfung ein.

SER/ESTAR

Madrid	¿?	*la capital de Perú.*
El Amazonas		*en el Mediterráneo.*
Las Islas Baleares		*miembro de la Unión Europea.*
Lima		*una ciudad en el centro de España.*
La Costa del Sol		*un río en América del Sur.*
España		*en Andalucía.*

7 Welche Antwort ist möglich?

1. ¿Cómo estás?
   - **A** Estoy malo.
   - **B** Fatal.
   - **C** En la cama.

2. ¿Está Ana María?
   - **A** Ana no es de aquí.
   - **B** No, está en el jardín.
   - **C** Sí, un momento.

3. ¿Usted es el Sr. Salas?
   - **A** No, el Sr. Salas no está.
   - **B** Sí, ¿y usted?
   - **C** No, no es el Sr. Salas.

In Spanien sagen aber immer alle „¿Qué hay? ...“

Hay entspricht dem deutschen Ausdruck „es gibt".

ser	***estar***
soy	estoy
eres	estás
es	está
somos	estamos
sois	estáis
son	están

En la maleta **hay** un disco.
En el bolso **hay** tres libros.
¿**Hay** libros en el bolso? Sí, **hay** libros en el bolso.
¿**Hay** algo en el bolso?

Hay wird nicht konjugiert. Es steht beim Nomen ohne Artikel oder mit unbestimmtem Artikel sowie vor Zahlen und unbestimmten Pronomen.

8 Setze die richtige Form von *estar* bzw. *hay* ein.
Die Situation: Ein Ehepaar steht ratlos in Málaga auf der Straße und sucht verzweifelt nach einer Bushaltestelle.

– ¿ ______________ una estación de autobuses?

– No sé.

– ¿Dónde ______________ el plano de la ciudad?

– El plano ______________ en el Hotel.

– ¿Dónde ______________ una librería?

– La librería „Carmen" ______________ en la plaza Príncipe.

– ¿ ______________ planos en esta librería?

9 Du willst eine Reise machen. Frage nach den unten genannten Angaben und benutze dabei *estar* bzw. *hay*.

1. un hotel cerca del mar ______________________________

____

2. habitaciones con ducha ______________________________

____

3. el hotel Duquesa ______________________________

____

4. la próxima parada del autobús ______________________________

____

5. una discoteca en la playa ______________________________

____

6. el alquiler de motos ______________________________

____

10 Setze in diesem Dialog die entsprechende Form von *ser*, *estar* oder *hay* ein.

Fritz: ¿ ______________ un banco por aquí?

Pepe: Sí, ______________ tres bancos por aquí cerca.

Fritz: ¿Dónde ______________ el banco más cercano?

Pepe: ______________ en la Plaza Redonda.

Fritz: ¿Qué banco ______________?

Pepe: ______________ la caja postal.

11 Ein Brief aus Spanien. Überprüfe nun dein Wissen, indem du den Text jeweils mit der korrekten Form von *ser* bzw. *estar* oder *hay* ergänzt. Du kannst maximal 21 Punkte erreichen. Wenn du weniger als 16 Punkte erreichst, solltest du unbedingt die Regeln wiederholen und diese in den vorangegangenen Übungen nochmals anwenden.

Mi querida Manuela:

Hoy ____________ *en Granada. La ciudad* ____________ *muy antigua. El hotel donde* ____________ *(yo)* ____________ *en la Plaza Bibarambla. En medio de esta plaza* ____________ *una fuente. En mi hotel* ____________ *mucha gente joven.* ____________ *un chico que se llama Juan. Juan* ____________ *muy simpático.* ____________ *estudiante pero* ____________ *de camarero* en la cafetería que* ____________ *en nuestro hotel. Juan* ____________ *de Argentina y tiene muchos amigos que* ____________ *de América también. Los días pasan y a veces* ____________ *(yo) cansada. En este momento* ____________ *(yo) sentada en la cafetería. En la plaza* ____________ *niños que juegan y niños que mendigan*. Estos* ____________ *los niños gitanos. Puedo ver que en esta ciudad tan hermosa* ____________ *también una gran pobreza. Las casas de la gente pobre* ____________ *en un antiguo barrio que se llama Albaicín o en Sacromonte donde* ____________ *también cuevas para vivir. Todo* ____________ *tan interesante.*

Un beso

____ von 21

*jobbt als Kellner
*mendigar – betteln

El país y la isla

2. Das Substantiv und seine Begleiter

Femininum und Maskulinum

Im Spanischen gibt es nur männliche und weibliche Substantive, die von den bestimmten Artikeln *el* (männlich) und *la* (weiblich) bzw. den unbestimmten *un* (männlich) und *una* (weiblich) begleitet werden.
Weiblich sind bis auf einige wenige Ausnahmen alle Substantive auf *-a*, *-ad* (*casa*, *ciudad*) und auf *-ión*. Männlich sind fast alle Substantive, die auf *-o*,*- ón*, *-l* enden (*muchacho*, *algodón*, *papel*).

Ausnahmen bestätigen die Regel: Da heißt es lernen!
Z.B.: la mano (f.), la radio (f.), el avión (m.), el problema (m.), el tema (m.), el programa (m.)

	masculinum	***femininum***
	el / un maestro	la / una maestra
	el / un profesor	la / una profesora
pero:	el / un turista	la / una turista
	el / un taxista	la / una taxista
y:		el agua
		el alma

Vor weiblichen Substantiven, die mit betontem a beginnen, steht der Artikel *el*. Wird das a nicht betont, gibt es auch keine Ausnahme. Beispiele: la alfombra (Betonung auf dem o), la azafata

1 Ordne die Substantive in die dafür vorgesehenen Koffer und ergänze den bestimmten Artikel.

casa, coche, taxista, taxi, canción, puerto, calles, problemas, agua, ciudades, radio, teléfono, centro, playas, cine, turistas, leche, café, motos, colegio, hombre, mujer, mano, avión

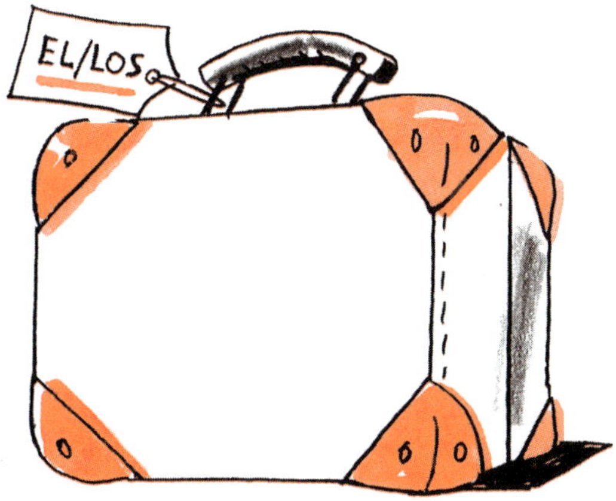

2 Ergänze nun den unbestimmten Artikel.

1. Cuba es ______________ isla.
2. Puerto Rico es ______________ país.
3. Pamplona es ______________ ciudad.
4. El Titicaca es ______________ lago.
5. El Atlántico es ______________ mar.
6. Los Pirineos son ______________ montañas que limitan con Francia.

Pluralbildung

masculinum	***femininum***
los / unos maestros	las / unas maestras
los / unos profesores	las / unas profesoras

Der Plural wird bei Substantiven, die auf unbetontem Vokal enden (meist auf *-o, -a*) durch Anhängen von *-s* gebildet.

¡Ojo!

singular	***plural***
el balcón	los balcones
el lápiz	los lápices
la información	las informaciones

Substantive, die auf Konsonant enden, hängen *-es* an.

3 Bilde von den folgenden Substantiven die feminine Form und setze diese dann in den Plural.

el profesor	____________	*las profesoras*
el amigo	____________	____________
el chico	*la chica*	____________
el turista	____________	____________
¡Ojo! el hombre	____________	____________
el rey	____________	____________

4 Setze die folgenden Ausdrücke in den Plural. Denk an den Artikel!

el camarero → *los camareros*

el garaje ____________

el agua ____________

la mano ____________

la estación ____________

el andaluz ____________

la habitación ____________

el aire ____________

el andén ____________

el día ____________

el jamón ____________

el español ____________

¡Vamos, chicos!

3. Das Verb *ir*

Bildung

ir
voy
vas
va
vamos
vais
van

1 Setze die korrekt gebildete Form des Verbs *ir* ein.

1. ¿A dónde ______________ (vosotros)? – ______________ al cine.
2. ¿Cómo ______________ (vosotros)? – ______________ en metro.
3. ¿ ______________ María y Marta también? – No, Marta ______________ a un concierto, pero María ______________ con nosotros.
4. ¿Y a dónde ______________ (tú) ahora? – ______________ a casa.

Gebrauch mit verschiedenen Präpositionen

Das Verb *ir* wechselt im Gebrauch mit unterschiedlichen Präpositionen oder dem Infinitiv seine Bedeutung und hat dann mit seiner eigentlichen Bezeichnung „gehen" nichts mehr zu tun.

ir a pie – zu Fuß gehen

¡Ojo!

El señor Gómez **va a** la farmacia.
Vamos al hotel.
Yo **voy** a casa. (Ich gehe nach Hause.)

ir a – zu etwas hingehen
ir en – mit etwas fahren

¿**Vas en** avión a España?
No, **voy en** barco a Barcelona.
La señora García **va en** autobús al centro.

2 Beschreibe die Bilder und verwende dabei *ir a* und *ir en*.

Die Bildung des Futur mit *ir a* + Infinitiv

¿**Vais a escribir** una postal a los padres?
No, **vamos a ir** a la playa.
¿Qué **va a hacer** Juan después?
Juan **va a viajar** en tren a Málaga.

> *ir a* + Infinitiv drückt eine Handlung in der unmittelbaren Zukunft aus.

3 Beschreibe in ganzen Sätzen, wie Gonzalo seinen Wochenablauf plant (yo = Gonzalo). Verwende dabei *ir a (hacer algo)*.

Ejemplo: *El lunes voy a comprar libros.*

lunes
comprar libros ______________________

martes
Inma y yo: nadar en la piscina ______________________

miércoles
Manuela: comer en mi casa ______________________

jueves
hacer la limpieza general ______________________

viernes
mis padres llegan al aeropuerto ______________________

____

____

4 Du erhältst ein Telegramm von deiner Freundin. Um Geld zu sparen, hat sie jeweils die Formen von *ir*, *ir a*, *ir en* ausgelassen. Lies dieses Telegramm genau und setze die entsprechenden Formen ein. Denke daran, dass Manuela das Telegramm verfasst hat! Modelo: *Hoy voy en tren a Málaga.*

¡Hola! Hoy ______________ tren a Málaga STOP ______________ hacer una excursión a la playa STOP Después ______________ venir Max STOP Juntos ______________ autobús a Gibraltar STOP ¿Cuándo ______________ venir tú? STOP Hasta la próxima semana ______________ estar en Marruecos STOP Max ______________ volver en barco, yo ______________ volver en avión STOP ______________ esperar tus noticias STOP Ahora ______________ la estación STOP ______________ taxi STOP Hasta pronto STOP

Manuela

◯ von 11 möglichen richtigen Ergänzungen

Un perro azul

4. Das Adjektiv

la niña guapa, el niño guapo, las niñas guapas

Die Adjektive werden in Anzahl und Geschlecht an das dazugehörige Substantiv angeglichen.

alemán, alemana, alemanes, alemanas

Hat das Adjektiv einen Akzent auf der Endung, so verschwindet dieser in der weiblichen Form und im Plural.

pobre, verde, infantil;
la niña pobre, el niño pobre, las/los niñas/niños pobres, infantiles

Die Adjektive, die auf *-e*, *-l* enden, verändern ihre Endung nur im Plural auf *-es*.

el niño andaluz, la niña andaluza, los niños andaluces, las niñas andaluzas

Die Adjektive, die auf *-z* enden, werden ebenso behandelt; dabei kommt es aus Gründen der Aussprache zu einer Verschiebung von *-z* zu *-c*.

Sg. masculinum	*Sg. femininum*	*plural masc./fem.*
guapo	guapa	guapos/guapas
feo	fea	feos/feas
joven	joven	jóvenes

¡Ojo!

Der Akzent muss hier im Plural ergänzt werden, um die ursprüngliche Betonung zu erhalten (joven, jóvenes).

Bei einer gemischten Gruppe immer die männliche Form benutzen, auch wenn nur eine männliche Person in der Gruppe ist!

Farben gelten als Adjektive und werden auch so dekliniert!

1 Verbinde jeweils ein Substantiv mit dem dazugehörigen Adjektiv und ergänze den bestimmten Artikel.
Beachte dabei, dass das Adjektiv, anders als im Deutschen, dem Substantiv nachgestellt wird.

Beispiel: der **blaue** Hund – el perro **azul**

la	familia	antigua
______	niños	azules
______	abuelo	inglesa
______	coche	jóvenes
______	motos	buenos
______	foto	simpático
______	padres	verde

2 In Übung 1 hast du ja schon einige Adjektive gefunden, die an das dazugehörige Substantiv angepasst waren. Nun sollst du selbst die Anpassung des Adjektivs üben. Ergänze die Tabelle. Wenn du dir bei einigen Beispielen nicht sicher bist, lies noch einmal die Regeln!

Sg. masc.	*pobre*	*rico*	*azul*	*joven*
Sg. fem.		*rica*		
Pl. masc.				*jóvenes*
Pl. fem.				

Sg. masc.	*feliz*	*alemán*	*nicaragüense*
Sg. fem.			
Pl. masc.			*nicaragüenses*
Pl. fem.			

3 Gleiche im folgenden Text die Adjektive an die dazugehörigen Substantive an.

Una tarde en las calles de Bogotá

Dos niños están (sentado) ______ en una calle (polvoriento) ______ Son dos niños (pobre) ______ que comen del mismo plato como perros (hambriento) ______ Llevan la ropa (roto) ______ y tienen los pies (descalzo) ______ y en medio el plato, dos manos, una (negro) ______ y otra (blanco) ______, cogen del arroz (blanco) ______ A su lado está (sentado) ______ una perra (peludo) ______ Pasa un hombre bien (vestido) ______ con unas niñas (feliz) ______ porque llevan en sus manitas (blanquito) ______ unos helados (grande) ______ Los niños de la calle miran con los ojos (triste) ______ como pasa la familia. La perra mueve su cabeza (gordote) ______ y se rasca con su pata (trasero) ______.

von 18 möglichen richtigen Antworten

polvoriento – staubig
hambriento – hungrig
descalzo – barfuß
peludo – zottelig
gordote – muy gordo

Más encima de los problemas

5. Die Präposition

Präpositionen zur Orts- und Zeitangabe

Übe zunächst die Anwendung einiger wichtiger Präpositionen zur Ortsangabe.

1 Beschreibe das Bild, indem du in die Sätze eine der vorgegebenen Präpositionen einsetzt: en, entre, delante de, detrás de, cerca de, en, encima de, debajo de.

1. El tesoro está ______________________ el arca.
2. La telaraña está ______________________ de la lámpara.
3. El fantasma está ______________________ el libro.
4. La araña está ______________________ (el) techo.
5. La botella vacía está ______________________ el esqueleto.
6. El libro está ______________________ la lámpara.
7. El esqueleto está ______________________ el arca.
8. El fantasma se encuentra ______________________ el libro y la lámpara.

Nun folgt der Gebrauch einiger wichtiger Präpositionen, die die Richtung bzw. den Ort angeben.

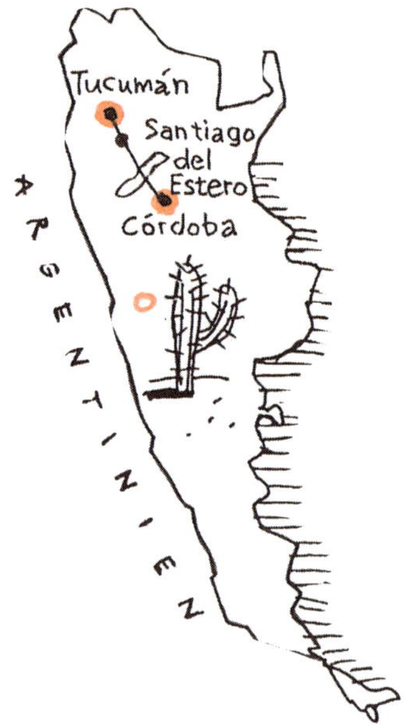

2 Beschreibe den Weg aus Sicht des Jungen und benutze die folgenden Präpositionen: *a, en, hasta, por*.

Estoy ________________ Tucumán.

Voy ________________ Córdoba.

El primer día voy ________________ Santiago del Estero.

El segundo día voy ________________ Córdoba.

Paso ________________ las Salinas Grandes.

¡Ojo!

Präpositionen dienen auch zur Angabe zeitlicher Beziehungen. Die wichtigste ist wiederum ***en*** zur Angabe eines Zeitraums, in dem etwas geschieht. Zur Angabe von Uhrzeiten benutzt man ***a***, das deutsche „vor" wird mit ***antes de*** und das deutsche „nach" mit ***después de*** übersetzt.
Achte darauf, dass du die beiden letzten nicht mit den Präpositionen zur Ortsangabe „vor" und „hinter" verwechselst.

3 Setze in die folgenden Sätze die entsprechende Präposition ein.

1. ____________________ las cuatro de la tarde voy a visitar a Juan para hablar sobre las vacaciones.
2. ____________________ las vacaciones vamos a México.
3. ____________________ el viaje a México voy a comprar una mochila grande.
4. ____________________ el viaje a México voy a hacer muchos regalos a mis amigos.

Auch **Beziehungen zu Personen** werden mit Präpositionen ausgedrückt. Die wichtigsten sind ***con*** (mit), ***entre*** (unter), aber auch wiederum ***a*** (ich grüße meine Freunde – saludo **a** mis amigos).

4 Beschreibe das Bild, indem du die Sätze mit der richtigen Präposition ergänzt.

Paco va ______________ sus amigos al cine.

______________ ellos hay una chica.

La chica llama ______________ una amiga.

La amiga espera ______________ su perro delante del semáforo.

Der Unterschied zwischen *por* und *para*

Das deutsche „für" kann im Spanischen mit *por* oder *para* übersetzt werden.
Ich kaufe das Buch für fünf Euros. → por
Ich kaufe das Buch für dich. → para

por

Llaman por el anuncio.	Ursache, Grund (wegen)
Montse llama por teléfono.	Mittel
Tiene que pasar por la oficina.	Ortsangabe (durch, an ... vorbei)
Llamo mañana por la tarde.	Angabe des Zeitraums
Cambio un perro por un gato.	Preis und Tausch Ordnung und Reihenfolge

para

Trabaja para ganar dinero.	Zweck (um ... zu)
La carta es para una amiga.	Bestimmung (für)
Busco un trabajo para el verano.	Termin (für, bis)

5 Bilde nun Sätze mit *por* bzw. *para*.

1. Alberto – trabajar – ganar dinero

2. Yo hoy – no – tener clase – la mañana

3. En el buzón hay una carta – Carmen

4. ¿Llamar – usted – el anuncio?

5. Vosotros – tener que pasar – la farmacia

6. Esta carta – no – ser – Rodolfo; ser – su abuela

7. Con el dinero de sus padres – María no – tener suficiente – todos sus gastos

8. Paula – ir a – comprar jamón – la cena

9. ¿Cuándo – pasar vosotros – mi casa?

10. Los chicos – tener que – preparar los deberes – mañana

6 Streiche die nicht zutreffende Präposition aus.

1. Señora, busco un perfume muy fino. Es por/para mi novia, ¿sabe usted? Es su cumpleaños y ...
2. Voy a contaros todo, pero por/para orden cronológico, ¿vale?
3. ¡Qué frío! La temperatura es demasiado baja por/para ser junio, ¿no creen?
4. Vamos al museo por/para ver la exposición de pintura moderna. ¿Quién quiere venir?
5. Marina hace algunas cosas que no le gustan, pero las hace sólo por/para su esposo, por/para mantener la paz.
6. He comprado este traje de baño por/ para las vacaciones. Vamos a ir a Roses.

Es gibt eine ganze Reihe von **Verben**, die eine **bestimmte Präposition** erfordern. Diese Präpositionen entsprechen häufig nicht den im Deutschen verwendeten. Hier einige wichtige Verben, die du am besten mit der dazugehörigen Präposition auswendig lernst:

acordarse de	sich an etwas erinnern
aprender a	lernen
dejar de	aufhören
soñar con	träumen von
alegrarse de	sich freuen
comenzar a	beginnen
pensar en	an etwas denken
enamorarse de alguien	sich in jmd. verlieben

Wende dich aber zunächst der Bildung der Verbformen im Präsens zu. Am Ende des folgenden Kapitels findest du dann eine Übung zum Gebrauch verschiedener Präpositionen unter Berücksichtigung dir nun bekannter Verbformen (Aufgabe 9 S. 34).

Folgt auf die Präposition *a* der männliche Artikel *el*, so werden beide zusammengezogen zu ***al***. Folgt auf die Präposition *de* der männliche Artikel *el*, so werden auch diese zusammengezogen zu ***del***.

Yo trabajo, pero tú no trabajas

6. Das Präsens

Die regelmäßigen Verben auf *-ar, -er, -ir*

Die regelmäßigen Verben weisen folgende drei Formen auf.

llevar	*comer*	*vivir*
llev**o**	com**o**	viv**o**
llev**as**	com**es**	viv**es**
llev**a**	com**e**	viv**e**
llev**amos**	com**emos**	viv**imos**
llev**áis**	com**éis**	viv**ís**
llev**an**	com**en**	viv**en**

1 Übe zunächst die Bildung der regelmäßigen Verben. Beende die folgenden Sätze, indem du das Verb wiederholst. Achte dabei auf die handelnde Person.

Ejemplo: *Yo trabajo, pero tú no trabajas.*

1. Tu hermano compra muchos libros, pero vosotros ________________ solamente comics.
2. Tú tocas la flauta, pero yo no ________________ ningún instrumento.
3. Yo recibo muchas cartas, pero tú no ________________ ninguna.
4. Tú vives en un hotel, pero nosotros ________________ en un camping.
5. Yo pago la comida, pero vosotros ________________ las bebidas.
6. Mi amigo desayuna muy temprano, pero nosotros ________________ siempre tarde.

Bei manchen Verben kommt es durch die Betonung auf der ersten Silbe zu einer Diphthongierung (das heißt, aus einem Vokal werden zwei: e → ie, o → ue oder u → ue). Bei einigen Verben ändert sich der Vokal (e → i).

querer	***dormir***	***jugar***	***pedir***
quiero	duermo	juego	pido
quieres	duermes	juegas	pides
quiere	duerme	juega	pide
queremos	dormimos	jugamos	pedimos
queréis	dormís	jugáis	pedís
quieren	duermen	juegan	piden

2 Jetzt übe speziell die diphthongierenden Verben.

1. Las clases ______________________ (comenzar) a las ocho.
2. Yo no ______________________ (encontrar) la sala de deportes.
3. Paco y Pepe ______________________ (pensar) en las vacaciones.
4. Alicia no ______________________ (entender) nada.
5. Nosotros ______________________ (cerrar) las puertas.
6. ¿Qué ______________________ (jugar) los niños detrás del colegio?

Wichtige unregelmäßige Verben

decir	*dar*	*hacer*	*leer*	*oír*	*poner*
digo	doy	hago	leo	oigo	pongo
dices	das	haces	lees	oyes	pones
dice	da	hace	lee	oye	pone
decimos	damos	hacemos	leemos	oímos	ponemos
decís	dais	hacéis	leéis	oís	ponéis
dicen	dan	hacen	leen	oyen	ponen

tener	*ver*	*poder*
tengo	veo	puedo
tienes	ves	puedes
tiene	ve	puede
tenemos	vemos	podemos
tenéis	veis	podéis
tienen	ven	pueden

3 Nun kommen auch einige unregelmäßige Verben dazu. Setze in dem folgenden Dialog die Präsensformen der in Klammern stehenden Verben ein.
Denke daran, dass die Nennung des Personalpronomens im Spanischen unüblich ist; Ausnahme: wenn das Subjekt betont werden soll.

Ejemplo: ich kann – ~~yo~~ puedo

Marta ____________________ (estar) en la cocina.

– ¿Qué ____________________ (hacer) tú, Blanca?

– (Yo) ____________________ (jugar) con Pablito y ____________________ (ver) las noticias en la televisión.

– ¿Cuándo ____________________ (querer, nosotras) comer?

– Pues, ____________________ (pensar, yo) que ______________________________ (comer, nosotras) juntos con los padres.

– ¿Y cuándo ____________________ (venir) papá y mamá?

– Papá ____________________ (trabajar) hasta las ocho de la tarde y mamá ____________________ (tener) que estar en la tienda hasta las siete y media.

– Marta y Blanca, siempre ____________________ (hablar, vosotras) sobre los demás. ____________________ (tener, yo) hambre ya. ¿Por qué no ____________ ____________ (comer, vosotras) conmigo ahora? Pablito, tú ____________________ (poder) ver la televisión y después Blanca y tú ____________________ (oir) un programa en la radio y ya ________________ (ser) las ocho.

4 Bilde inhaltlich und formal korrekte Sätze.

Modelo: *Margarita y Ana compran un ramo de flores.*

Margarita y Ana	comprar	dos vasos de agua.
Yo	mover	una cartera.
Carla	servir*	en una cafetería.
Nosotros	pedir	las piernas para andar.
Tú	encontrar	salir esta noche.
Vosotros	poder	un ramo de flores.

____

____

____

____

____

____

*servir wird im Präsens gebildet wie die Formen von pedir, vgl. S. 29

5 Bilde die Präsensformen folgender Verben und achte bei den verschiedenen Personen auf die Konsonantenveränderung beziehungsweise Diphthongierung.

	coger	**dirigir**	**volver**
yo			
él			
nosotros			

6 Die folgende Tabelle ist ein Verbformentrainer. Ergänze in jedem Kästchen die konjugierte Form des genannten Verbs.
Es ist vielleicht sinnvoll, als Übung zunächst nur eine halbe Tabelle durchzuführen und deine Ergebnisse mit Hilfe des Lösungshefts zu überprüfen. Wenn du diese Übung gut bestehst, kannst du beruhigt mit der Tabelle weiterarbeiten. Wenn nicht, solltest du dir die Konjugationen noch einmal ganz genau anschauen und dann mit der Tabelle von vorne beginnen.

yo	**tú**	**el/ella**	**nosotros**	**vosotros**	**ellos/ellas**
tener	querer	decir	pedir	decir	coger
dar	beber	dar	querer	comer	tener
pedir	poder	jugar	poder	poner	querer
decir	poner	poner	pensar	encontrar	pedir
coger	pensar	encontrar	tener	dormir	decir
hacer	dormir	leer	estar	conocer	pensar
poner	conocer	hacer	echar	llevar	jugar
pensar	ver	empezar	ver	salir	dormir
conocer	oír	salir	oír	empezar	oír
oír	leer	llegar	vivir	poder	ser

Die reflexiven Verben

enamorarse	*sich verlieben*
me enamoro	ich verliebe mich
te enamoras	du verliebst dich
se enamora	sie verliebt sich
nos enamoramos	wir verlieben uns
os enamoráis	ihr verliebt euch
se enamoran	sie verlieben sich

Im Unterschied zum Deutschen wird das Reflexivpronomen im Spanischen in der Infinitivform hinten an das Verb angehängt. In der konjugierten Form steht es vor dem Verb.

levantarse
me levanto
te levantas
se levanta
nos levantamos
os levantáis
se levantan

Beachte, dass manche Verben im Spanischen reflexiv sind, die im Deutschen nicht reflexiv gebraucht werden: llamarse – heißen, levantarse – aufstehen, quedarse – bleiben

Wichtige reflexive Verben:

darse cuenta – bemerken
acordarse de – sich erinnern
decidirse a – sich entscheiden
despedirse – sich verabschieden
aburrirse – sich langweilen
ocuparse de – sich beschäftigen mit
sentirse – sich fühlen
quejarse de – sich beklagen über

¡Ojo! Vergiss nie die Reflexivpronomen (me, te, se ...). Ansonsten werden alle Verben nach den entsprechenden Regeln, die du schon kennst, konjugiert!

7 Setze im folgenden Text nur die Reflexivpronomen ein.

1. Juan ____________ enamora de Ana.
2. Marta y Felipe ____________ besan en la calle.
3. Nosotros ____________ casamos.
4. – ¿Cuándo ____________ encontráis?
   – ____________ encontramos a las ocho para ir al cine.
   – Yo no puedo ir, porque ____________ acuesto a las nueve, ya que ____________ levanto a las cinco.

8 Setze nun in diesem Dialog die korrekt konjugierte Verbform mit dem dazugehörigen Reflexivpronomen ein (nötigenfalls schaust du dir noch einmal die unregelmäßigen bzw. diphthongierenden Verben an).

– Hola Elena, ¿ ____________________ (acordarse, tú) de mí?

– Hola Sami, ____________________ (alegrarse, yo) oírte. ¿Qué tal?

– Pues, ____________________ (aburrirse, yo) porque todos mis amigos ____________________ (encontrarse) en México.

– Mira, Sami, Lola y yo acostumbramos a ir a la discoteca „Candela“. ¿Quieres moverte también?

– Buena idea, ¿cuándo ____________________ (reunirse, vosotras)?

– A las ocho. Bueno, ____________________ (despedirse, nosotros) ahora y luego ____________________ (divertirse, nosotros) juntos. Hasta luego.

9 Bilde Sätze aus den vorhandenen Informationen. Achte dabei auf die Satzstellung: Subjekt, Prädikat mit vorangestelltem Reflexivpronomen, Objekt, und darauf, dass im Spanischen in aller Regel das Personalpronomen wie „yo“ weggelassen wird.

1. yo, a las ocho, levantarse — *Me levanto a las ocho.*
2. Carlos, darse cuenta de, la muchacha guapa — ____________________
3. los profesores, quejarse de, los alumnos — ____________________
4. los padres, preocuparse por, los hijos — ____________________
5. tú, ocuparse de, la literatura española — ____________________
6. nosotros, acostumbrarse a, comer pescado — ____________________
7. vosotros, despedirse de, los amigos — ____________________

10 Setze im folgenden Dialog jeweils die passende Präposition (und gegebenenfalls den Artikel) ein und das konjugierte Verb.

detrás de
después de
con
antes de
a
de
de
de
con

– Hola Carlos, ¿ *de* ______ dónde *vienes* ______ (venir, tú)?

– (venir, yo) ______________ cine, donde estaba ______ mi novia.

– Pues mira, ¿al fin ______________ (estar enamorado, tú) ______ ella?

– Sí. ¿ ______________ (querer, tú) acompañarnos ______ bar „Plaza"?

– Sí, pero ______________ ir con vosotros ______________ (ir a hablar) ______________ Noelia.

– Muy bien, entonces ______________ (encontrarse, nosotros) ______________ tu llamada en el bar. Está ______________ correos.

Hast du weniger als 10 richtige? Schau noch mal in Kapitel 5 nach.

von 14 richtigen Antworten

La quiero mucho

7. Das Adverb

Bildung

lento → lent**amente**
rápido → rápid**amente**
alegre → alegre**mente**

difícil → difícil**mente**
fácil → fácil**mente**

Es ist möglich, von Adjektiven Adverbien abzuleiten. Dazu wird zunächst die feminine Form des Adjektivs gebildet, sofern es eine gibt, und daran wird die Endung *-mente* angehängt.

Die Akzentsetzung bleibt dabei unverändert.

Neben den vom Adjektiv abgeleiteten Adverbien gibt es auch zahlreiche ursprüngliche Adverbien. Die Adverbien *bien, mal, mucho* und *poco* sind nicht regelmäßig.

La quiero mucho. (Ich liebe sie sehr.)
Ana aprende bien. (Ana lernt gut.)
Felix sabe poco. (Felix weiß wenig.)

1 Bilde Adverbien, indem du sie von den folgenden Adjektiven ableitest.

fácil ____________________
inteligente ____________________
terrible ____________________
amable ____________________
elegante ____________________
tranquilo ____________________
equivocado ____________________
cuidadoso ____________________

Stellung

Carlos visita **frecuentemente** a su abuela.

Das Adverb drückt aus, auf welche Art und Weise die Tätigkeit ausgeführt wird, und steht daher meist **hinter** dem konjugierten Verb.

Ausnahmen bilden Adverbien wie *posiblemente, probablemente, inmediatamente*, die oft am Satzanfang, also **vor** dem konjugierten Verb, stehen oder bei dem Satzteil, auf das sie sich beziehen.

Probablemente hago las compras hoy por la tarde.

Carlos sale contento de su cole porque va a la piscina.

Wird jedoch beschrieben, wie eine Person sich **während einer Handlung** fühlt, so steht das **Adjektiv**.

Dann gibt es noch Adverbien der Zeit, des Ortes, der Art und Weise und der Menge, die den **Satz einleiten**.

ahora, hoy, de repente, luego, aquí, allí, cerca, lejos, así, poco a poco ...

2 Bilde Sätze und achte dabei auf die richtige Wortstellung.

la madre, con, amablemente habla, su hijo

____

voy a trabajar, porque, lentamente, hoy, hace calor

____

van a estudiar, mañana, en el cole*, mucho

____

*colegio

3 Setze die Adverbien an der richtigen Stelle im Satz ein.

Manuela aprende el español. (bien)

Fernando lee su libro para comprender todo. (atentamente)

Todos corren porque el primero obtiene una medalla. (mucho, hoy)

Los geólogos descubren unas ruinas. (casualmente)

4 Übersetze die folgenden Sätze.

Sie fahren mit dem Autobus direkt zum Hotel.

Der Busfahrer gibt uns freundlich Auskunft.

Wir steigen zufrieden aus dem Autobus aus.

Vielleicht besuche ich morgen ein Museum.

Están comiendo como cochinos

8. Die Verlaufsform

Bildung

Die Verlaufsform besteht aus zwei Teilen: ***estar* + Gerundium**. Das Verb *estar* wird konjugiert. Das Gerundium ist unveränderlich und wird folgendermaßen gebildet:

Bei regelmäßigen Verben

auf **-ar**	mit **-ando** (llevar → llevando)	Estoy **llevando** una carta al buzón.
auf **-er**	mit **-iendo** (comer → comiendo)	Marco está **comiendo** un bocadillo.
auf **-ir**	mit **-iendo** (vivir → viviendo)	Mona está **viviendo** en una residencia estudiantil.

¡Ojo!

leer → leyendo
ir → yendo
construir → construyendo

Verben auf *-er* oder *-ir*, deren Stamm auf Vokal enden, werden im Gerundium mit y geschrieben.

Bei einigen Verben ist das Gerundium unregelmäßig. Der Stammvokal *e* wird zu *i*, *o* wird zu *u*.

decir → diciendo
pedir → pidiendo
dormir → durmiendo

¡Ojo!

Steht ein **Pronomen**, wird es an das Gerundium angehängt. Die Betonung der Verbform darf sich dadurch aber nicht verändern, so dass gegebenenfalls ein Akzent gesetzt werden muss.

Bei der Verlaufsform von reflexiven Verben kann das Pronomen entweder vor dem konjugierten Verb stehen oder an das Gerundium angehängt werden.

Ejemplo: *me estoy despidiendo* oder: *estoy despidiéndome*

1 Forme die folgenden Sätze um, indem du statt des Präsens die Verlaufsform verwendest.

Ejemplo: Carlos limpia los platos → *Carlos está limpiando los platos.*

1. Patricia escribe una carta a su amiga →

____

2. Carlos y Juan preparan la comida →

____

3. Nosotras escuchamos un programa en la radio →

____

4. Vosotros compráis algunas botellas de vino →

____

5. Leo un libro →

____

6. ¿Vives en un hotel? →

____

2 In der folgenden Übung sollst du die Fragen in der Verlaufsform beantworten.
Modelo: ¿Qué comes? – *Estoy comiendo* un bocadillo.

En la terraza de un restaurante. Lola entra en la terraza y ve a su amigo Antonio.

– Hola, Antonio, ¿qué bebes?

– ______________________ un vino de verano.

– ¡Dime! ¿Dónde viven actualmente Mari Sol y Loli?

– ______________________ en una residencia para estudiantes.

– ¿Cuánto pagan al mes?

– ______________________ unas 45.000 pesetas cada una.

Antonio saluda a un hombre con barba. Lola pregunta:

– ¿Quién viene?

– Es mi profesor de historias. Pero dime tú, Lola, ¿qué dicen tus padres sobre tu idea de estudiar historia también?

– Pues mira, ______________________ que no vale la pena porque luego no hay trabajo en esto.

– ¡Lástima! ¿Y qué estudias ahora?

– ______________________ economía e idiomas para poder trabajar luego en el extranjero. ¿Acabas tu vino y nos vamos?*

– Ya ______________________ mi vino y en seguida ______________________ (nosotros)

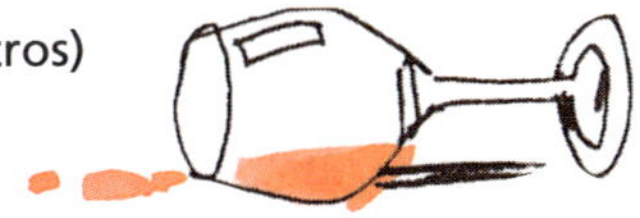

*irse – weggehen, Gerundium: yendo

3 In dieser Übung sollst du die in Klammern stehenden reflexiven Verben in die Verlaufsform setzen. Beachte die Regeln in Kapitel 6, S. 33.

Modelo: (acostarse) *acostándose*
(yo) *me estoy acostando*

1. (levantarse) ______________________
   (yo) ______________________
2. (aburrirse) ______________________
   (nosotros) ______________________
3. (peinarse) ______________________
   (tú) ______________________
4. (darse cuenta) ______________________
   (ella) ______________________
5. (despedirse) ______________________
   (vosotros) ______________________

Gebrauch

Ich trage gerade einen Brief zum Briefkasten.
Marco isst gerade ein Brötchen.
Mona lebt momentan in einem Studentenwohnheim.

Die Verlaufsform beschreibt eine Handlung, die gerade im Gange ist.

4 Setze in der nun folgenden Reportage die in Klammern stehenden Verben in die Verlaufsform. Achte dabei besonders auf die reflexiven Verben.

– Son las 8 de la mañana, radio Tenerife. Muy buenos días, estimados oyentes.

Hoy estamos en casa de Lola y Francisco que están en paro. Francisco y Lola ______ (vivir) en casa de sus padres. Así que no ______ (pagar) la casa. Francisco ______ (cobrar) 45.000 pesetas al mes. Aparte, Francisco ______ (hacer) todo lo posible para mantener a su mujer y un hijo. Pero es muy difícil, porque como se sabe hay mucha gente parada. También Lola ______ (presentarse) a todos los anuncios de los periódicos, pero en ningún sitio ______ (conseguir*) un trabajo. ¿Qué es lo que más os preocupa?

Lola: ______ (preocuparse) por mi hijo. Ahora mismo ______ (empezar) en el colegio y no tengo bastante dinero para comprar todos los libros etc. Además ______ (temer) que algún día vayamos a pelearnos Francisco y yo por causa del dinero.

Reportero: Muchas gracias por esta entrevista. Estimados oyentes, hoy día el paro es un tema central en toda Europa y en muchos países las cifras de parados registrados todavía ______ (aumentar).
¿Qué ______ (hacer) nuestros gobiernos?

*Bildung wie pedir

¿Tienes más de 8 puntos?
¡Bravo! ¡Muy bien!

◯ von 11 richtigen Antworten

Mi dinero – tu dinero

9. Das Possessivpronomen

Die Possessivpronomen richten sich im Spanischen in Geschlecht und Zahl immer nach dem **Objekt** und nicht wie im Deutschen nach dem Geschlecht des Besitzers.

Ejemplo: Max wäscht **sein** Auto.
Anna wäscht **ihr** Auto. → Max/Ana lava su coche.

Unbetonte Possessivpronomen

Sg. masc.	*Sg. fem.*	*Pl. masc.*	*Pl. fem.*
mi libro	**mi** blusa	**mis** libros	**mis** blusas
tu libro	**tu** blusa	**tus** libros	**tus** blusas
su libro	**su** blusa	**sus** libros	**sus** blusas
nuestro libro	**nuestra** blusa	**nuestros** libros	**nuestras** blusas
vuestro libro	**vuestra** blusa	**vuestros** libros	**vuestras** blusas
su libro	**su** blusa	**sus** libros	**sus** blusas

1 Setze in den folgenden Sätzen die unbetonten Possessivpronomen ein.

Carlos es ______________________ amigo. (mein Freund)

Los libros están en ______________________ mochila. (deinem Rucksack)

¿Es Marta ______________________ profesora? (eure Lehrerin)

______________________ billetes los compramos en la taquilla. (unsere Fahrkarten)

______________________ coche está aparcado en la calle Sol. (euer Auto)

Paco y Manolo son ______________________ alumnos. (ihre Schüler)

Ana y María son ______________________ invitados. (meine Gäste)

2 Welche Übersetzung ist richtig? Streiche die falschen Sätze durch.

1. Unser Fahrrad ist blau.
   - **A** Nosotros bicicleta es azul.
   - **B** Nuestra bicicleta es azul.
   - **C** Nuestro bicicleta es azul.
2. Ihre Kinder heißen Tomás und Alicia.
   - **A** Su hijos se llaman Tomás y Alicia.
   - **B** Sus hijas se llaman Tomás y Alicia.
   - **C** Sus hijos se llaman Tomás y Alicia.
3. Unsere Schuhe sind in eurem Koffer.
   - **A** Nuestros zapatos están en vuestro maleta.
   - **B** Nosotros zapatos están en vuestra maleta.
   - **C** Nuestros zapatos están en vuestra maleta.

Betonte Possessivpronomen

Die betonten Possessivpronomen werden **ohne Artikel** verwendet, wenn man über den Besitzer/die Besitzerin informieren möchte.

Sg. masc.	*Sg. fem.*
Este libro es **mío**.	Esta blusa es **mía**.
Este libro es **tuyo**.	Esta blusa es **tuya**.
Este libro es **suyo**.	Esta blusa es **suya**.
Este libro es **nuestro**.	Esta blusa es **nuestra**.
Este libro es **vuestro**.	Esta blusa es **vuestra**.
Este libro es **suyo**.	Esta blusa es **suya**.

Sie werden ebenso verwendet bei Fragen.

Ejemplo: ¿De quién es? – Mío.

Die betonten Possessivpronomen werden **mit Artikel** verwendet, wenn man das Substantiv schon genannt hat und nicht mehr wiederholen will.

Ejemplo: ¿Tienes mi libro? – No, **el tuyo** no lo tengo. Sólo **el mío**.

3 Forme die folgenden Sätze um, indem du statt des unbetonten Possessivpronomens das betonte benutzt.
Beachte, dass sich das Possessivpronomen auch weiterhin in Anzahl und Geschlecht nach dem Besitz und nicht dem Besitzer richtet.

Modelo: *Es mi libro.* → *El libro es mío.*

1. *Es mi casa.* ______________________
2. *Es su moto.* ______________________
3. *Son sus zapatos.* ______________________
4. *Es tu pasaporte.* ______________________
5. *Son vuestros bolígrafos.* ______________________
6. *Es nuestra maleta.* ______________________

4 Beantworte die folgenden Fragen bejahend. Achte darauf, bei der Antwort auch die Person (d.h. die Endung des spanischen Verbs und gegebenenfalls die Person des Possessivpronomens) zu ändern.

Ejemplo: *¿Tienes mi libro? – Sí, tengo el tuyo.*

1. ¿Vives en su casa? – Sí, vivo en la ______________________________
2. ¿Tienes mi cuaderno? – Sí, tengo ______________________________
3. ¿Compráis en nuestra tienda? – Sí, compramos ______________________________
4. ¿Te aburres con tu novia? – Sí, me aburro ______________________________
5. ¿Te diviertes con mi perro? – Sí, me ______________________________
6. ¿Vais a dormir en mi cama? – Sí, ______________________________
7. ¿Vais a conseguir vuestros libros hoy? ______________________________
8. ¿Encuentran sus pasaportes? ______________________________

5 Vervollständige den folgenden Text, indem du die Lücken korrekt entweder mit dem betonten oder dem unbetonten Possessivpronomen füllst.

En la frontera

Aduanero: ____________ pasaporte por favor!

Manuela da ____________ pasaporte al aduanero.

– ¿La maleta roja es ____________ ?

– No, la maleta roja no es ____________ . El bolso verde es ____________ ____________ y también la maleta negra es ____________ .

– Muy bien, puede llevarse ____________ equipaje y aquí tiene ____________ ____________ pasaporte.

Manuela coge ____________ cosas y entra en la estación de autobuses, donde esperan ____________ amigos.

Manuela: ¿Dónde tenéis ____________ mochilas?

– Tenemos ____________ mochilas en el autobús.

– Entonces guardo ____________ equipaje en el autobús también. Marta, ¿tienes (mein) ____________ billete de autobús?

– Sí, aquí está el ____________ , y los (unsere) ____________ están en la bolsa blanca.

◯ von 16 richtigen Antworten

Ayer encontré un hueso de un triceratops

10. Die Vergangenheitsformen

Es gibt im Spanischen drei Vergangenheitsformen.
Jede von ihnen hat ihre spezifische Anwendung.

¡Qué complicado!

I. Das Perfekt / pretérito perfecto

Bildung

Das *pretérito perfecto* setzt sich zusammen aus der konjugierten Form von ***haber*** und dem **Partizip Perfekt**. Das Partizip ist dabei unveränderlich.

Ejemplo: ich habe gerufen → he llamado

Bei den regelmäßigen Verben wird das Partizip Perfekt gebildet durch Anhängen folgender Endungen an den Stamm:

Verben auf *-ar*: *-ado*
Verben auf *-er*, *-ir*: *-ido*

	mirar	***comer***	***dormir***
he	mir**ado**	com**ido**	dorm**ido**
has	mir**ado**	com**ido**	dorm**ido**
ha	mir**ado**	com**ido**	dorm**ido**
hemos	mir**ado**	com**ido**	dorm**ido**
habéis	mir**ado**	com**ido**	dorm**ido**
han	mir**ado**	com**ido**	dorm**ido**

Anders als im Deutschen wird auch das Perfekt von Verben der Bewegung wie schwimmen, laufen, rutschen etc. immer mit dem Hilfsverb *haber* – haben gebildet.

Ejemplo: ich bin angekommen – he llegado

¡Ojo! Es gibt auch wichtige **unregelmäßige Partizipien** wie z. B. *vuelto (volver)*, *hecho (hacer)*, *puesto (poner)*, *escrito (escribir)* oder *dicho (decir)*. Diese musst du unbedingt auswendig lernen.

1 In dieser ersten Übung zum Perfekt sollst du zunächst nur die konjugierte Form des Hilfsverbs *haber* einsetzen. Unterstreiche jeweils das Partizip.

Hoy por la mañana el marinero Rodrigo de Triana ha visto tierra. Yo he llamado a los capitanes de las otras carabelas. Nosotros hemos cogido una barca para ir a tierra. Allí hemos encontrado a unos indígenas. Los indígenas han traído papagayos y muchas otras cosas. Yo, Cristóbal Colón, he tomado posesión de estas tierras en nombre de los reyes de España el 12 de octubre de 1492.

2 Übe dich nun in der Bildung von Partizipien. Es sind auch einige häufig verwendete unregelmäßige Verben dabei; schaue notfalls noch einmal in einer Verbtabelle nach.

buscar	he buscado	*decir*	dicho
ver	he visto	*dar*	dado
hacer	he hecho	*ser*	sido
estar	he estado	*poner*	puesto
poder	he ~~puesto~~ podido	*llover*	llovido
oír	oído	*ir*	ido
coger	cogido	*desear*	deseado
vivir	vivido	*morir*	~~muesto~~ muerto
saber	sabido	*tener*	tenido
querer	querido	*traer*	traído
leer	leído	*caer*	caído
volver	vuelto	*descubrir*	descubrido

3 Wie du in der 1. Übung schon gesehen hast, ist das Perfekt eine sehr übliche Zeitform beim Schreiben eines Tagebuchs. Schreibe nun mit den unten stehenden Angaben eine Seite des Tagebuchs eines Dinosaurierforschers. Stell dir vor, es ist Abend und du notierst, was du an diesem Tag von früh bis spät erlebt hast. Beachte bei den reflexiven Verben, dass das Pronomen vor dem konjugierten Verb stehen muss, d. h. vor *he, has, ha* ...

yo, levantarse, a las siete	*Me he levantado a las siete.*
nosotros, empezar a excavar, a las 10	Nosotros hemos empezado a escavar a las 10.
nosotros, encontrar, un cuerno	Nosotros hemos encontrado un cuerno
Marco, decir, que es de un Triceratops	Marco ha dicho que ha sido de un Triceratops.
ser, el primer fósil, que, encontrar, nosotros	Ha sido el primer fósil que nosotros ha encontrado
nunca antes, yo, ver, un cuerno tan grande	yo he visto un cuerno tan grande nunca antes.
luego, mis amigos, descubrir, unos dientes	Luego mis amigos han descubrido unos dientes
ser, un día feliz	Ha sido un día feliz.

Gebrauch

Das *pretérito perfecto* wird verwendet, wenn die Handlung mit der Gegenwart in Verbindung steht, weil z. B. der Zeitraum noch nicht abgeschlossen ist; also z. B. bei der Verwendung von ***hoy, esta mañana, esta tarde, esta semana*** etc.
Es wird auch verwendet, wenn eine Handlung abgeschlossen ist, aber Folgen für die Gegenwart hat.

Ejemplos:
He comprado un coche. (Ahora tengo un coche.)
He aprendido a hablar el japonés. (Ahora sé hablar japonés.)
Esta semana hemos empezado con la construcción de la casa. Los trabajadores han llegado por la mañana y después de unas horas he visto aparecer debajo de la tierra unas ruinas antiguas.

4 Übersetze die folgenden Sätze.

Heute bin ich viel gerannt.

Hoy he corrido mucho.

Diese Woche habe ich mein Geld verloren.

Esta mañana

Heute gehe ich um 8 Uhr ins Bett.

Normalerweise stehe ich um 7 Uhr auf.

Heute morgen bin ich um 10 Uhr aufgestanden.

II. Das Indefinido / *pretérito indefinido*

Das *indefinido* benutzt man, um eine abgeschlossene Handlung in der Vergangenheit zu beschreiben.

Bildung

Bei den **regelmäßigen Verben** werden die Formen so gebildet:

preparar	***beber***	***vivir***
prepar**é**	beb**í**	viv**í**
prepar**aste**	beb**iste**	viv**iste**
prepar**ó**	beb**ió**	viv**ió**
prepar**amos**	beb**imos**	viv**imos**
prepar**asteis**	beb**isteis**	viv**isteis**
prepar**aron**	beb**ieron**	viv**ieron**

An die Stammform werden die entsprechenden *Indefinido*-Endungen angehängt. Verben auf *-er* und *-ir* haben dieselben Endungen.
Die 1. Person Plural ist mit der 1. Person Plural im Präsens identisch. Die 1. und die 3. Person Singular haben auf dem letzten Buchstaben einen Betonungsakzent.

1 Beantworte die Fragen und achte dabei auf die angesprochene Person.
Ejemplo: ¿A qué hora te levantaste ayer? – *Me levanté* a las siete.

1. ¿A dónde viajaste durante las últimas vacaciones? ________________ a Lima.
2. ¿Cuándo descubrió Cristobal Colón América? ________________ América en 1492.
3. ¿Qué comprasteis ayer en el supermercado? ________________ una caja de cerveza.
4. ¿A quién vendiste tu coche? ________________ mi coche a Dolores.

2 Stelle nun die Fragen nach dem fett gedruckten Teil der vorgegebenen Antworten.
Ejemplo: Llegué a casa **a las nueve**. *¿Cuándo llegaste a casa?*

1. Comimos **paella** y bebimos **vino tinto**.

____

2. Volví **el martes pasado**.

____

3. **Hace cinco** años perdimos todo nuestro dinero.

____

4. El 15 de febrero recibimos **los diplomas**.

____

LÖSUNGSHEFT

Besser in Spanisch

Grammatik
1./2. Schuljahr

von
Nadia Klaczko-Gaeth
und Heike Lemke

Cornelsen
Power Learning

1. *Ser*, *estar* und *hay*

1
1. es alemana
2. son simpáticos
3. somos
4. Son ustedes urugayos
5. son francesas
6. Soy Juan, ¿y quién eres tu?

2

	eine Form von *ser*	de Colombia	electricista	argentinos	el primero	ricos
Jorge	es	×	×		×	
Nosotros	somos	×		×		×
Yo	soy	×	×		×	
Carmen y Juan	son	×		×		×
Vosotros	sois	×		×		×
Tú	eres	×	×		×	
Ana	es	×	×			

3
1. están
2. está
3. está
4. estás/Estoy
5. estáis/estamos

4 Azucena es española.
Ella es simpática
... está en un kiosco
... está de buen humor
... es amiga de Marcelino

Marcelino es estudiante.
... está contento
... es de Burgos
... es inteligente
... está en una residencia universitaria
... está en clase

5
1. estamos/está
2. es
3. está
4. es/estoy
5. Sois/somos
6. son

6
1. Madrid es una ciudad en el centro de España.
2. El Amazonas es un río en América del Sur.
3. Las Islas Baleares están en el Mediterráneo.
4. Lima es la capital de Perú.
5. La Costa del Sol está en Andalucía.
6. España es miembro de la Unión Europea.

7 1. A, B
2. B, C
3. B

8 1. Hay
2. está
3. está
4. hay
5. está
6. Hay

9 1. ¿Hay un hotel cerca del mar?
2. ¿Hay habitaciones con ducha?
3. ¿Dónde está el hotel Duquesa?
4. ¿Dónde está la próxima parada del autobús?
5. ¿Hay una discoteca en la playa?
6. ¿Dónde está el alquiler de motos?

10 ¿Hay un banco por aquí?
Sí, hay ...
¿Dónde está ...
Está en ...
¿Qué banco es?
Es la caja postal.

11 estoy
es
estoy
está
hay
hay
Hay
es
Es
está
está
es
son
estoy
estoy
hay
son
hay
están
hay
es

2. Das Substantiv und seine Begleiter

1

el	los	la	las
coche	problemas	casa	calles
taxista	turistas	canción	ciudades
taxi		radio	motos
puerto		leche	
agua		mujer	
teléfono		mano	
centro			
cine			
café			
colegio			
hombre			
avión			

2
1. una
2. un
3. una
4. un
5. un
6. unas

3

la profesora	las profesoras
la amiga	las amigas
la chica	las chicas
la turista	las turistas
la mujer	las mujeres
la reina	las reinas

4
los garajes
las aguas
las manos
las estaciones
los andaluces
las habitaciones
los aires
los andenes
los días
los jamones
los españoles

3. Das Verb *ir*

1
1. vais/Vamos
2. vais/Vamos
3. Van/va/va
4. vas/Voy

2
1. El avión va a Barcelona. Oder: El hombre va en avion a Barcelona.
2. ¿A dónde vamos? – Vamos al cine.
3. Los hombres van a pie.
4. La chica va en bicicleta.

3 El martes, Inma y yo vamos a nadar en la piscina.
El miércoles, Manuela va a comer en mi casa.
El jueves, voy a hacer la limpieza general.
El viernes, mis padres van a llegar al aeropuerto.

4 voy en
voy a
va a
vamos en
vas a
voy a
va a
voy a
voy a
voy a
voy en

4. Das Adjektiv

1 la familia inglesa
los niños buenos
el abuelo simpático
el coche verde
las motos azules
la foto antigua
los padres jóvenes

2

pobre	rico	azul	joven
pobre	rica	azul	joven
pobres	ricos	azules	jóvenes
pobres	ricas	azules	jóvenes

feliz	alemán	nicaragüense
feliz	alemana	nicaragüense
felices	alemanes	nicaragüenses
felices	alemanas	nicaragüenses

3 sentados
polvorienta
pobres
hambrientos
rota
descalzos
negra
blanca
blanco
sentada
peluda
vestido
felices
blanquitas
grandes
tristes
gordote
trasera

5. Die Präposition

1 1. El tesoro está en el arca.
2. La telaraña está encima de la lámpara.
3. El fantasma está cerca del libro.
4. La araña está en el techo.
5. La botella vacía está delante del esqueleto.
6. El libro está debajo de la lámpara.
7. El equeleto está detrás del arca.
8. El fantasma se encuentra entre el libro y la lámpara .

2 en
a
a oder hasta
a oder hasta
por

3 1. A
2. En
3. Antes **del**
4. Después **del**

4 con
entre
a
con

5 1. Alberto trabaja para ganar dinero.
2. Yo, hoy, no tengo clase por la mañana.
3. En la buzón hay una carta para Carmen.
4. ¿Llama usted por el anuncio?
5. Vosotros tenéis que pasar por la farmacia.
6. Esta carta no es para Rudolfo; es para su abuela.
7. Con el dinero de sus padres María no tiene suficiente para todos sus gastos.
8. Paula va a comprar jamón para la cena.
9. ¿Cuándo pasáis por mi casa?
10. Los chicos tienen que preparar los deberes para mañana.

6 Richtig sind:
1. para
2. por
3. para
4. para
5. por (wegen des Gatten, nicht aus eigenem Antrieb) oder para (für den Gatten) para (für den Frieden, um den Frieden zu erhalten) oder por (wegen des Friedens, um des Friedens willen)
6. para

6. Das Präsens

1
1. compráis
2. toco
3. recibes
4. vivimos
5. pagáis
6. desayunamos

2
1. comienzan
2. encuentro
3. piensan
4. entiende
5. cerramos
6. juegan

3 está
haces
juego
veo
queremos
pienso
comemos
vienen
trabaja
tiene
habláis
tengo
coméis
puedes
oís
son

4 Yo muevo los piernas para andar.
Carla sirve en una cafetería.
Nosotros pedimos dos vasos de agua.
Tú encuentras una cartera.
Vosotros podéis salir esta noche.

5

cojo	dirijo	vuelvo
coge	dirige	vuelve
cogemos	dirigimos	volvemos

6

yo	tú	el/ella	nosotros	vosotros	ellos/ellas
tengo	quieres	dice	pedimos	decís	cogen
doy	bebes	da	queremos	coméis	tienen
pido	puedes	juega	podemos	ponéis	quieren
digo	pones	pone	pensamos	encontráis	piden
cojo	piensas	encuentra	tenemos	dormís	dicen
hago	duermes	lee	estamos	conocéis	piensan
pongo	conoces	hace	echamos	lleváis	juegan
pienso	ves	empieza	vemos	salís	duermen
conozco	oyes	sale	oímos	empezáis	oyen
oigo	lees	llega	vivimos	podéis	son

7 1. se
2. se
3. nos
4. os/nos/me/me

8 te acuerdas
me alegro
me aburro
se encuentran
os reunís
nos despedimos
nos divertimos

9 2. Carlos se da cuenta de la muchacha guapa.
3. Los profesores se quejan de los alumnos.
4. Los padres se preocupan por los hijos.
5. Te ocupas de la literatura.
6. Nos acostumbramos a comer pescado.
7. Os despedís de los amigos.

10 de dónde vienes?
Vengo del cine/con
estás enamorado de ella
Quieres/al
antes de/voy a hablar/con
nos encontramos/después de
detrás de los

7. Das Adverb

1 fácilmente
inteligentemente
terriblemente
amablemente
elegantemente
tranquilamente
equivocadamente
cuidadosamente

2 La madre habla amablemente con su hijo.
Hoy voy a trabajar lentamente porque hace calor.
Mañana van a estudiar mucho en el cole.

3 Manuela aprende bien el español.
Fernando lee su libro atentamente para comprender todo.
Hoy todos corren mucho porque el primero obtiene una medalla.
Oder: Todos corren mucho porque hoy el primero obtiene una medalla.
Los geólogos descubren casualmente unas ruinas.

4 Van directamente con el autobús al hotel.
El conductor nos informa amablemente.
Bajamos contentos del autobús.
Quizás visito mañana un museo. Oder: Quizás visito un museo mañana.

8. Die Verlaufsform

1 1. Patricia está escribiendo una carta a su amiga.
2. Carlos y Juan están preparando la comida.
3. Nosotras estamos escuchando un programa en la radio.
4. Vosotros estáis comprando algunas botellas de vino.
5. Estoy leyendo un libro.
6. ¿Estás viviendo en un hotel?

2 estoy bebiendo
están viviendo
están pagando
están diciendo
estoy estudiando
estoy acabando
estamos yéndonos

3 levantándose/yo me estoy levantando
aburriéndose/nosotros nos estamos aburriendo
peinándose/tu te estás peinando
dándose cuenta/ella se está dando cuenta
despidiéndose/vosotros os estáis despidiendo

4 están viviendo
están pagando
está cobrando
está haciendo
está presentándose
está consiguiendo
estoy preocupándome
está empezando
estoy temiendo
están aumentando
están haciendo

9. Das Possessivpronomen

1 mi
tu
vuestra
nuestros
vuestro
sus
mis

2 1. B
2. C
3. C

3 1. La casa es mía.
2. La moto es suya.
3. Los zapatos son suyos.
4. El pasaporte es tuyo.
5. Los bolígrafos son vuestros.
6. La maleta es nuestra.

4 1. Sí, vivo en la suya.
2. Sí, tengo el tuyo.
3. Sí, compramos en la vuestra.
4. Sí, me aburro con la mía.
5. Sí, me divierto con el tuyo.
6. Sí, vamos a dormir en la tuya.
7. Sí, vamos a conseguir los nuestros.
8. Sí, encuentran los suyos.

5 su
su
suya
mía
mío
mía
su
su
sus
sus
vuestras
nuestras
mi
mi
tuyo
nuestros

10. Die Vergangenheitsformen

I. Das Perfekt

.1 ha
he
hemos
hemos
han
he

2

buscado	dicho
visto	dado
hecho	sido
estado	puesto
podido	llovido
oído	ido
cogido	deseado
vivido	muerto
sabido	tenido
querido	traído
leído	caído
vuelto	descubierto

3 Nosotros hemos empezado a excavar a las 10.
Nosotros hemos encontrado un cuerno.
Marco ha dicho que es de un Triceratops.
Ha sido el primer fósil que hemos encontrado.
Nunca antes he visto un cuerno tan grande.
Luego mis amigos han descubierto unos dientes.
Ha sido un día feliz.

4 Hoy he corrido mucho.
Esta semana he perdido mi dinero.
Hoy (me) voy a las 8 a la cama.
Normalmente me levanto a las 7.
Hoy me he levantado a las 10.

II. Das Indefinido

1
1. Viajé a Lima.
2. Descubrió América en 1492.
3. Compramos una caja de cerveza.
4. Vendí mi coche a Dolores.

2
1. ¿Qué comisteis y qué bebisteis?
2. ¿Cuándo volviste?
3. ¿Cuándo perdisteis todo el dinero?
4. ¿Qué recibisteis el 15 de febrero?

3 **Ayer** un grupo de 18 obreros **abandonó** su trabajo en Alemania. De la noche a la mañana el pueblo entero **apareció** sembrado de carteles exigiendo la expulsión de los „extranjeros criminales". La primera agresión **llegó** en forma de apedreamiento de ventanas. Entonces algunos desconocidos **pincharon** las ruedas del coche de los trabajadores. Por fin se **llenaron** de humo las habitaciones de la pensión. Los trabajadores **volvieron** a España **ayer** a las 8 de la noche.

4
1. ¿Ayer, no diste de comer a tu pájaro? – Sí, le di de comer a mi pájaro.
2. ¿Lo dijo a su madre? – No, no lo dijo a su madre.
3. ¿Fuiste a la piscina el lunes pasado? – Sí, fui a la piscina.
4. ¿Viste a tu profesor cuando recibiste las notas? – Sí, lo vi.

5 salimos — se puso de pie
dio — dijo
cayó — seguimos
pudo — se perdió
tuvimos — empezaron
hicimos — asustó
apareció — vieron
preguntó — observó

6 1. Pepe nunca ha aprendido a guiar una grúa.
2. La noche pasada ellos se despertaron entonces hubo una explosión en el campamento.
3. Ahora he entendido el contenido porque ayer Juan lo explicó a todos.
4. Cuando vosotros empezásteis a construir la casa, yo os propuse hacerla más grande.
5. Hasta ahora Ana no ha recibido una carta.
6. El día de la fiesta Marta y Carola salieron tarde de casa y se fueron a la estación de tren.

7 Entonces los cosecheros recogieron muchas uvas.
La semana pasada los trabajadores pidieron más dinero.
En 1492 Cristobál Colón descubrió América.
Hoy por la mañana os habéis levantado muy tarde.
Este año he estudiado poco.

8 tuve
creyó
atrajiste
sostuve
concluyó
extrajiste
recayó
traje
huyó

III. Das Imperfekt

1 1. Todos vivíamos en un pueblo.
2. Mi padre trabajaba en el campo.
3. Siempre hacía sol en verano.
4. Mis hermanos ordeñaban la vaca.
5. En nuestro jardín había muchos gansos.
6. Yo siempre jugaba con mi pelota.

2 era
íbamos
quedábamos
veían
iba
era
iba
veíamos
eran
iban

3 1. vivía/había/eran/tenían
2. se hacían/vendían/estaba oder era (wurde oder war vergiftet)/había
3. eran/había/hacían/necesitaba/ayudaban/trabajaban

4 había
quedó
tenía
quedaban
llevaba
era
se marchó
encontró
pidió
dio
tenía
siguió
acercó
tenía
se quitó
la regaló
cayeron
era
cayó
era
recogió
era (fue)

Das Märchen heißt: „Los ducados caídos del cielo"

5 1. estaba
2. éramos/hubo
3. hubo
4. estuve
5. era/estuvo

6

he empezado	he andado	he creído	he conducido
empecé	anduve	creí	conduje

7 hicimos
recomendó
llegamos
estaba lloviendo
dirigimos
cogimos
estaba
quedamos
llevábamos
llovía
he leído
hace (ha hecho)
tiene
hay
ve
tuvimos (hemos tenido)

11. Die Personalpronomen

1 2. Sí, la voy a limpiar
3. Sí, los hemos visto.
4. Sí, lo voy a comprar.
5. Sí, las saqué.
6. Sí, la voy a leer.
7. Sí, lo tengo.
8. Sí, la voy a ver.

2 lo
la
lo
lo
la
os
los oder les
los
les oder los
lo

3 1. Sí, mis padres me van a comprar una bicicleta.
2. Sí, nosotros les dejamos nuestro coche.
3. Sí, te traigo un café con leche.
4. Sí, nos pedimos una ración de bacalao.
5. Sí, nos ha dado muchos consejos.

4 1. os
2. me
3. le
4. le
5. me/me
6. les (a tus padres)

5 1. Se lo dijo.
2. Voy a comprármela.
3. Se lo compro.
4. Se la traje.
5. Se los he vendido.
6. Marta está cosiéndooslas. Oder: Marta os está cosiéndolas.

6 me las
te las
me las.../le (preguntarle)
le
les
les
te
te las
lo
Pruébaselos
te
Se los
dámelos

12. Der Imperativ

1 1. ¡Compre esta botella! ¡Beba Koca Lola (oder etwas anderes)!
2. ¡Pruebe esta crema de cera! ¡Limpie su casa con Cera!
3. ¡Infórmate correctamente! ¡Lee Hola!
4. ¡Vive en esta casa! ¡Alquílela!

2 1. mirad
2. llevad
3. coje
4. deja
5. pensad
6. tomad
7. abre
8. cierra

3 1. ¡Traígame un vaso de cola!
2. ¡Deme una barra de pan!
3. ¡Enciende el televisor!
4. ¡Salga de esta casa!
5. ¡Oígame!
6. ¡Ponga su bolso en la mesa!

4 ¡Piensa siempre en lo bueno!
¡Caliente la sopa!
¡Sed atentos!
¡Haz tus deberes!
¡Vengan en seguida!
¡Estén preparados para mañana!

5

construyo	construya	construyan
comunico	comunique	comuniquen
puedo	pueda	puedan
marco	marque	marquen
ruego	ruegue	rueguen
busco	busque	busquen
sigo	siga	sigan
permito	permita	permitan

6 2. ¡Abrid el cajón! ¡Abridlo!
3. ¡Apague la máquina antes de irse! ¡Apáguela antes de irse!
4. ¡Vuelve a llamar!
5. ¡Levántese!
6. ¡Explicadme la situación!¡Explicádmela!
7. ¡Ofrezca sus libros! ¡Ofrézcalos!
8. ¡Despídete!

7 olvida; olvide; olvidad; olviden
piensa; piense; pensad; piensen
acuérdate; acuérdese; acordaos; acuérdense
llama; llame; llamad; llamen
haz; haga; haced; hagan
ponte; póngase; poneos; pónganse
lleva; lleve; llevad; lleven
coge; coja; coged; cojan
pasa; pase; pasad; pasen

13. Die Demonstrativpronomen

1 Esa niña no me deja en paz.
No quiero jugar con ese niño.
Esta pelota es mía.

¿Esta es tu mochila?
No, no es mía.

Esa es mi mejor amiga.

¿Quién te ha pegado? Ese chico?
Aquellos chicos no los conzco.

2
1. Esos pantalones no son su talla. Aquellos pantalones son un 38; es su talla.
2. Esa camisa vale 700 Euros. Aquella camisa amarilla está rebajada.
3. Sí, esas medias son muy grandes; aquellas medias son pequeñas.
4. Sí, estas gotas son amargas pero aquellas son dulces.
5. Estos parches son colorados.
6. Esa crema blanca ayuda mucho; es buena.
7. Puede mirar aquellos armarios ahí abajo; son chicos.
8. No, pero toque esa silla. Es de pura madera.
9. Estas camas son todas muy blandas.

Cornelsen online http://www.cornelsen.de

Dieses Werk berücksichtigt die Regeln der reformierten Rechtschreibung und Zeichensetzung.

7. 6. 5. 4. Die letzten Ziffern bezeichnen
07 06 05 04 Zahl und Jahr der Auflage.

Herstellung und Umbruch: Kristiane Klas, Frankfurt/Main
Druck und Bindung: Tesinska Tiskarna, Cesky Tesin
Printed in the Czech Republic
ISBN 3-589-21829-0
Bestellnummer 218290

3 Im folgenden Zeitungsausschnitt wird (im Perfekt) von dramatischen Ereignissen berichtet. Schreibe nun, es ist der folgende Tag, über die Ereignisse des Vortags! (Möglicherweise fällt dir bereits auf, welcher Unterschied beim Gebrauch des Perfekts besteht.) *Es genügt, die Verbformen und gegebenenfalls die Zeitangabe zu verändern.*

24.4.98 Noticias de HOY

Un grupo de 18 obreros ha abandonado su trabajo en Alemania. De la noche a la mañana el pueblo entero ha aparecido sembrado de carteles exigiendo la expulsión de los „extranjeros criminales“. La primera agresión ha llegado en forma de apedreamiento de ventanas. Entonces algunos desconocidos han pinchado las ruedas del coche de los trabajadores. Por fin se han llenado de humo las habitaciones de la pensión. Los trabajadores han vuelto a España hoy a las 8 de la noche.

Diese Nachricht wurde der Zeitung El Mundo vom 25.4.98 entnommen.

25 de abril de 1998

Ayer un grupo ...

abandonar – verlassen
sembrado de – übersät von
apedreamiento – Steine werfen
pinchar – zerstechen
el humo – der Rauch

Es gibt eine Reihe von **unregelmäßigen Verben**, deren *Indefinido*-Formen du auswendig lernen musst.
Besonders wichtige sind:

ser/ir	***dar***	***decir***	***hacer***	***estar***	***leer***
fui	di	dije	hice	estuve	leí
fuiste	diste	dijiste	hiciste	estuviste	leíste
fue	dio	dijo	hizo	estuvo	leyó
fuimos	dimos	dijimos	hicimos	estuvimos	leímos
fuisteis	disteis	dijisteis	hicisteis	estuvisteis	leísteis
fueron	dieron	dijeron	hicieron	estuvieron	leyeron

tener	***poder***	***poner***	***querer***	***ver***
tuve	pude	puse	quise	vi
tuviste	pudiste	pusiste	quisiste	viste
tuvo	pudo	puso	quiso	vio
tuvimos	pudimos	pusimos	quisimos	vimos
tuvisteis	pudisteis	pusisteis	quisisteis	visteis
tuvieron	pudieron	pusieron	quisieron	vieron

4 Übe die Bildung des *indefinido* der unregelmäßigen Verben. Stelle die folgende Frage im *indefinido* und beantworte sie in der entsprechenden Person.

Ejemplo: ¿Qué libros lees tú? (ayer) *¿Qué libro leíste tú ayer?*
Leí un libro sobre biología.

1. ¿No das de comer a tu pájaro? (ayer)

____

Sí, ______________________________

2. ¿Se lo dice a su madre? (ayer)

____

No, ______________________________

3. ¿Vas a la piscina? (el lunes pasado)

____

Sí, ______________________________

4. ¿Ves a tu profesor? (cuando recibes las notas)

____

____

5 Erzähle nun selbst im *indefinido*.

De excursión

Ayer ____________________ (salir, nosotros) de excursión con las bicicletas. De repente Fernando ____________________ (dar un salto) y se ____________________ (caer) de su bici. Al principio no ____________________ (poder) mover la pierna derecha. Nosotros ____________________ (tener) que hacerle un vendaje. Por falta de una vendaje ____________________ (hacer, nosotros) una, cortando la camiseta de Juan, cuando ____________________ (aparecer) una señora que nos ____________________ (preguntar): ¿Se encuentra bien? Fernando ____________________ (ponerse de pie) y nos ____________________ (decir): Ya estoy mejor. Así que ____________________ (seguir, nosotros) nuestro viaje y de pronto Fernando ____________________ (perderse) de nuestra vista. Ya ____________________ (empezar) Juan y Ana a buscarle, cuando les ____________________ (asustar) un ruido. ¡Ps, Ps ...! Los dos ____________________ (ver) a Fernando que ____________________ (observar) una serpiente deslizándose por la hierba.

von 16 möglichen richtigen Anworten

Gebrauch

Ayer **tuve** mucho trabajo. Primero **hice** un hueco en la tierra y luego **llegaron** con el buque y **empezaron** a extraer la tierra. La **amontonamos** al lado del hueco.

Einzelne abgeschlossene Handlungen in der Vergangenheit, die aufeinander folgen (Handlungskette).

Handlungen in der Vergangenheit, die zu einem bestimmten Zeitpunkt stattgefunden haben (letzte Woche, am Dienstag, um 1 Uhr etc., *ayer, la semana pasada, el año pasado* sind Signalwörter für *indefinido*).

A la una de la tarde **hicimos** una pausa.
La semana pasada **alquilé** la grúa para los trabajos preparativos.

Mis hermanos **vivieron** durante cinco años en Málaga.
Desde 1990 hasta 1992 **trabajé** en esta empresa.

Ereignisse, die innerhalb einer bestimmten Zeitspanne stattgefunden haben.

Eine plötzlich neu eintretende Handlung (*de repente* ist ein Signalwort für *indefinido*).

Sacando la tierra **vi** de repente un objeto raro en el hueco.

Wiederholte Handlungen in der Vergangenheit, die abgeschlossen sind.

Pepe me **pidió** cuatro veces y le **contesté** que no.

¿Y luego? ¿Qué pasó?

Als Hilfe kannst du dir beim Gebrauch des *indefinido* die Frage stellen:
Was geschah dann?

6 Bilde Sätze und entscheide selbst, ob das Verb des Satzes im Perfekt oder im *indefinido* stehen muss. Achte auf die Signalwörter, die die eine oder andere Zeitform zur Folge haben.

Ejemplo: hoy a las siete de la mañana – llegar – los alumnos – de Londres

Hoy a las siete de la mañana han llegado los alumnos de Londres.

1. nunca – aprender a – Pepe – guiar – una grúa

2. la noche pasada – despertarse – ellos – y entonces – haber – una – explosión – en el campamento

3. ahora – entender – yo – el contenido – porque – ayer – Juan – lo – explicar – a todos

4. cuando – empezar a – vosotros – construir – la – casa – os – proponer – yo – hacerlo – más grande

5. hasta ahora – Ana – no – recibir – ninguna carta

6. El día de la fiesta – Marta y Carola – salir- tarde de casa – y- irse – a – la estación del tren

7 Bilde aus den unten stehenden Satzelementen korrekte Sätze.

Este año	Cristobál Colón	os habéis levantado tarde
Entonces	los cosecheros	descubrió América
En 1492	los trabajadores	pidieron más dinero.
Hoy por la mañana	(yo)	he estudiado poco
La semana pasada	(vosotros)	recogieron muchas uvas.

¡Completa!

8 Bilde die passenden Formen des *indefinido*. Am letzten Buchstaben erkennst du, um welche Person es sich handelt.

tener				E				
creer					Ó			
atraer						E		
sostener							E	
concluir								Ó
extraer							E	
recaer						Ó		
traer					E			
huir				Ó				

III. Das Imperfekt / pretérito imperfecto

Das *imperfecto* bezeichnet einen Zustand, einen Vorgang oder eine Handlung in der Vergangenheit, ohne jeweils den Beginn und das Ende zu kennzeichnen.

Bildung

Die **regelmäßigen Verben** bilden das Imperfekt so:

trabajar	*comer*	*vivir*
trabaj**aba**	com**ía**	viv**ía**
trabaj**abas**	com**ías**	viv**ías**
trabaj**aba**	com**ía**	viv**ía**
trabaj**ábamos**	com**íamos**	viv**íamos**
trabaj**abais**	com**íais**	viv**íais**
trabaj**aban**	com**ían**	viv**ían**

1 Beschreibe dieses alte Familienfoto aus der Sicht eines der Geschwister! Benutze folgende Verben: ~~vivir~~, ~~trabajar~~, haber, ~~tener~~, ~~jugar~~, ~~hacer~~, ordeñar.

1. *Todos* vivían *en un pueblo.*
2. *Mi padre* trabajaba *en el campo.*
3. *Siempre* hacía *sol en verano.*
4. *Mis hermanos* jugaban *la vaca.*
5. *En nuestro jardín* teníamos *muchos gansos.*
6. *Yo siempre* había *con mi pelota.*

Wichtige **unregelmäßige Verben**, die du unbedingt auswendig lernen musst:

ver	***ir***	***ser***
veía	iba	era
veías	ibas	eras
veía	iba	era
veíamos	íbamos	éramos
veíais	ibais	erais
veían	iban	eran

2 Benutze nun sinnvoll eine Form der oben stehenden unregelmäßigen Verben, um den Text zu vervollständigen.

Cuando yo ________ niña, ________ mis hermanos y yo todos los días al colegio. Claro, los sábados y domingos nos ________ (quedar) en casa. Mis hermanos ________ mucho la televisión pero yo ________ afuera para jugar con mis amigas. Mi mejor amiga ________ Consuelo, que ________ conmigo al colegio. Todos los días nos ________ Mis hermanos ________ bastante malos. ________ detrás de nosotras para tirarnos de los pelos.

Gebrauch

Clara **era** alta, delgada y **llevaba** una blusa amarilla.

Das Imperfekt dient zur Beschreibung einer Person in der Vergangenheit, sei es um äußere Merkmale oder um die Kleidung zu beschreiben.

Gewohnheiten und Handlungen eines unbegrenzten Zeitraumes stehen im *imperfecto; siempre* ist ein Signalwort.

Antes **iba** siempre en autobús al trabajo porque no **tenía** coche.

Hacía mucho calor cuando partimos de casa.

Die Rahmenhandlung steht im *imperfecto* und die neu einsetzende Handlung im *indefinido*.

Für parallel verlaufende Handlungen, die nicht abgeschlossen sind, benutzt man das *imperfecto*.

Los niños **jugaban** mientras nosotros **hablábamos**.

Genau wie beim *indefinido* kannst du dir beim *imperfecto* zur Orientierungshilfe eine Frage stellen: **Was war schon?**

3 Beschreibe die Bilder. (Versuche die Übung selbstständig zu lösen. Solltest du Schwierigkeiten beim Finden der passenden Vokabel haben, so findest du unten eine Liste mit möglichen Verben.)

1. Antes la gente ______________________________ .

No ______________ coches. Las casas ______________ más pequeñas.

Las calles no ______________________________ asfalto.

2. Antes los transportes ______________ con mulos o burros. Así que en cada región ______________ los productos regionales. El medio ambiente no ______________ contaminado. Pero a la vez ______________ ______________ mucha pobreza también.

3. Las familias ______________ más grandes. Como no ______________ ______________ anticonceptivos ______________ muchos niños. Se ______________ ______________ a estos niños también para asegurar los ingresos de la familia, porque todavía muy pequeños ______________ a sus padres y ______________ ______________ también.

(haber, ser, tener, trabajar en el campo, necesitar, empezar, ayudar, vender, estar, hacer, vivir en pueblos, nacer)

Kontrastiver Gebrauch der Vergangenheitsformen

4 Setze in dem folgenden Märchen das Imperfekt oder das *indefinido* der in Klammern stehenden Verben ein.

Érase una niña que ______________________(haber) perdido a su padre y a su madre y se ______________________ (quedar) tan pobre, que no ______________ (tener) ni una cabaña para vivir, ni una camita donde dormir. Sólo le ____________ ________ (quedar) los vestidos, que ______________________(llevar) puestos y un pedazo de pan. Pero la niña ______________________ (ser) buena y piadosa. Viéndose abandonada del mundo entero, se ______________________ (marchar) a campo traviesa. Se ______________________(encontrar) con un mendigo, que le ____________________ (pedir) algo de comer. La niña le ______________ (dar) el pan, que ______________________ (tener) en la mano y ______________ (seguir) adelante. Más lejos se ______________________(acercar) un niño que ______ ______________(tener) frío y la niña ______________________(quitarse) su camisa y la ______________________(regalar) al niño. Y al quedarse desnuda se ________ ________(caer) las estrellas del cielo y cada estrella ______________________(ser) una moneda reluciente. Y luego ______________________(caer) también una camisita, que ______________________(ser) de una tela preciosa. La niña __________ ________(recoger) en ella las monedas y ______________________(ser) rica para toda su vida.

Hast du erkannt, um welches Märchen es sich handelt?
Im Lösungsheft findest du den spanischen Namen.

5 Erinnerst du dich noch an den Gebrauch von *ser*, *estar* und *hay*? Du hast an dieser Stelle die Gelegenheit, den Gebrauch dieser Verben und ihrer Vergangenheitsformen zu üben.

1. Por esas fechas (ella) ____________ aquí todos los años.
2. Cuando nosotros ____________ niños, una vez ____________ un gran fuego en el pueblo.
3. El lunes no ____________ periódicos por la mañana.
4. Ayer (yo) ____________ con algunos compañeros en el estadio para ver un partido de fútbol.
5. Carlos ____________ un joven andaluz, que ____________ de camarero algún tiempo.

6 Setze die richtige Vergangenheitsform ein.

yo	empezar	andar	creer	conducir
hoy				
ayer				

7 In dieser abschließenden Übung musst du entscheiden, ob das Verb im Präsens, Perfekt, *indefinido* oder Imperfekt stehen muss!

El año pasado mi novia y yo ________________ (hacer) un viaje a Suecia. Unos días antes de marcharnos mi hermano nos ________________ (recomendar) llevar los impermeables y botas de goma. Cuando ________________ (llegar, nosotros) a Estocolmo, ya ________________ (estar lloviendo). Nos ________________ (dirigir) al centro para buscar un hotel para la primera noche. A la mañana siguiente ________________ (coger, nosotros) un tren con destino a un parque nacional que ________________ (estar) en el norte de Suecia. Allí ________________ (quedarse, nosotros) dos semanas. Casi todo el tiempo ________________ (llevar, nosotros) los impermeables y las botas, porque ________________ (llover) mucho. Esta mañana ________________ (leer) en un periódico que este verano allí ________________ (hacer) muy buen tiempo. Pero esto también ________________ (tener) un inconveniente porque ________________ (haber) muchísimos mosquitos. Se ________________ (ver) que ________________ (tener, nosotros) suerte.

Du hast ◯ von 16 möglichen richtigen Antworten!

Claro, la veo

11. Die Personalpronomen

Akkusativpronomen

Das Akkusativobjekt wird im Spanischen *complemento directo* genannt. Die Frage danach lautet genau wie im Deutschen: wen oder was?

Akkusativpronomen	
me	– mich
te	– dich
le / lo	– ihn / Sie
la	– sie
nos	– uns
os	– euch
les / los	– sie / Sie
las	– sie / Sie

¿Dónde pongo **el sillón**? Lo puedes poner en la sala.
¿Dónde pongo **los cuadros**? Los puedes poner en el dormitorio.
¿Dónde pongo **la mesa**? La puedes poner en el comedor.
¿Dónde pongo **las sillas**? Las puedes poner en la cocina.

¿Ves a Carlos? Sí, le / lo veo.

In Spanien benutzt man bei männlichen Personen *le* und *les*, während man in Lateinamerika *lo* und *los* benutzt.

Weibliche Personen werden immer durch das Pronomen *la* ersetzt.

¿Ves a Manuela? Claro, la veo.
No la entiendo, señora.

No le entiendo, señor.

Bei der Anrede mit Sie wird entsprechend bei männlichen Personen *le* gebraucht, bei weiblichen Personen *la*.

¡Ojo! Es gibt im Spanischen Verben, bei denen nicht wie im Deutschen der Akkusativ verwendet wird; man kann also nicht dieselbe Frage wie im Deutschen nach wen oder was stellen.

1 Beantworte die folgenden Fragen und ersetze den unterstrichenen Text durch das entsprechende Pronomen.

1. ¿Compraste el libro? *Sí, lo compré.*
2. ¿Vas a limpiar la casa? *Sí,* ______________________
3. ¿Habéis visto los padres de Juan? *Sí,* ______________________
4. ¿Vas a comprar el nuevo libro de García Márquez? *Sí,* ______________________
5. ¿Sacaste las entradas? *Sí,* ______________________
6. ¿Vas a leer la revista? *Sí,* ______________________
7. ¿Tienes tú mi monedero? *Sí,* ______________________
8. ¿Vas a ver a Lucía esta noche? *Sí,* ______________________

2 Vervollständige den Text durch Einsetzen der Pronomen.

Manolo busca su hámster pero no __________ encuentra. Va a la habitación de su hermana y __________ despierta, porque está durmiendo delante de la tele. ¿Sabes tú, dónde está mi hámster?, no __________ veo en su jaula. Nina se levanta del sillón y __________ pone al lado para ver si el hamster se ha escondido debajo del sillón. Vamos a mirar debajo de la alfombra, dice Nina y juntos __________ levantan, pero el hámster no está. Desde el jardín llama su mamá. ¿Dónde estáis?, no __________ veo. La madre __________ llama a Manolo y Nina porque ellos tienen que limpiar los platos. Los dos bajan a la cocina para limpiar __________ y después siguen buscando el animalito. La madre ahora __________ acompaña y al fin __________ encuentran durmiendo en la cesta de las frutas las mejillas llenas de trocitos de manzana.

Dativpronomen

Der Dativ heißt im Spanischen *complemento indirecto*. Auch hier gilt dieselbe Frage wie im Deutschen: wem oder was?
Man spricht bei den Personalpronomen des *complemento indirecto* von verbundenen Personalpronomen, da sie immer beim Verb stehen.

Dativpronomen	
me	¿**Me** traes la mesa al comedor?
te	¿**Te** gusta este cuadro?
le	**Le** llevo la silla para arriba.
nos	¿**Nos** enseñas los muebles?
os	Sí, claro que **os** enseño los muebles.
les	**Les** pongo las sillas en el comedor.

3 Benutze nun das *complemento indirecto*, um die folgenden Fragen zu beantworten.

Ejemplo: ¿Quién ha regalado los bombones a la abuela?
Yo le he regalado los bombones.

1. ¿Tus padres van a comprar una bicicleta para ti?

   Sí, mis padres ______________________________

2. ¿Dejáis vuestro coche a los amigos de Barcelona?

   Sí, ______________________________

3. ¿Traes un café con leche para mí?

   Sí, ______________________________

4. ¿Pedimos una ración de bacalao para nosotros?

   Sí, ______________________________

5. ¿El médico os ha dado muchos consejos a vosotros?

   Sí, ______________________________

¡Ojo! Auf manche Verben folgt im Spanischen ein anderes Objekt als im Deutschen.
Ejemplos: ayudar + Akkusativ (im Deutschen mit Dativ: jemandem helfen)
preguntar, costar, pedir, interesar + Dativ (im Deutschen mit Akkusativ)

4 Setze in dieser Übung das entsprechende verbundene Pronomen ein.
Ejemplo: A ella no *la* invito nunca jamás.

1. A vosotros no ________ presto mi coche.
2. A mí, Carlos ________ pregunta si quiero venir.
3. El camarero ________ recomienda pescado frito a ella.
4. A él ________ recomienda tomar un aperitivo.
5. A mí ________ parece que ________ he resfriado.
6. ________ has dicho a tus padres que hacemos una fiesta hoy?

Die Stellung der Personalpronomen im Satz

Die Personalpronomen stehen grundsätzlich **vor** dem konjugierten Verb.
Bei **Infinitivverbindungen** (*ir a* + Inf., *poder* + Inf., *querer* + Inf. etc.) können sie auch an den Infinitiv angehängt werden.
Beim **Imperativ** sind sie mit dem Verb direkt verbunden.
In Verbindung mit dem **Gerundium** können sie vor dem Verb stehen oder angehängt werden; dabei ist dann zu beachten, dass die ursprünglich betonte Silbe einen Akzent erhält (tomándolo).
Die **Reihenfolge der Pronomen** ist: immer erst Dativ und dann Akkusativ.

En el cuarto de los niños

Jaime, ¿me puedes traer el cochecito verde?

¿Puedes **traérmelo**, por favor?

Me lo puedes traer, por favor?

Beide Fragen mit Pronomen sind grammatikalisch korrekt; die Personalpronomen können an den Infinitiv angehängt werden, dann liegt die Betonung auf dem Verb; oder die Pronomen stehen vor dem konjugierten Verb, dann werden die Objekte hervorgehoben.

Tu cochecito, ...

... estoy **rompiéndotelo**.

... **te lo** estoy rompiendo.

Auch beim Gerundium stehen die Pronomen vor dem konjugierten Verb oder werden an das Gerundium angehängt.

¿Laura, le das la muñeca a Isabel?

¿**Se la** das?

No, no le doy la muñeca, la necesito yo.

No, no **se la** doy.

Treffen das Dativpronomen *le* und das Akkusativpronomen *lo / la* in der 3. Person aufeinander, wird aus Gründen der Aussprache das Dativpronomen *le* zu *se*. Aber nur in der Kombination von beiden!

¿Les prestas los juguetes a tus amigos?

No quiero **prestárselos**.

No se los quiero prestar.

Die gleiche Regel gilt für das Akkusativpronomen *los / las* und das Dativpronomen *les* im Plural; *les* wird zu *se*.

¡Traeme el libro!, lo quiero leer.

¡**Tráemelo**!

Beim Imperativ werden die Pronomen angehängt. Beachte den Akzent, wegen der richtigen Betonung.

¡Ojo con los acentos!

5 Ersetze den unterstrichenen Text durch die entsprechenden Pronomen.

1. Él lo dijo a todo el mundo.

2. Voy a comprar una casa para mí.

3. Compro un anillo para mi novio.

4. Traje una botella de vino para mi abuela.

5. He vendido los libros a mis amigas.

6. Marta está cosiendo unas faldas para vosotras.

6 Fülle die Lücken im Text mit den entsprechenden Pronomen aus.

En el rastro

– ¿Cuánto cuestan estos zapatos rojos?

– Pues, cuestan 50 Euros.

– Muy caros, ¿ ________ ________ dejas por 40 Euros?

– ¡Cómo ________ ________ voy a dejar por 40 Euros, si valen 50!

– Pues, si no ________ ________ dejas más baratos, voy a preguntar ________ a este hombre que vende zapatos también.

– A él, sí, ________ tienes que preguntar. Siempre vende todo más caro que yo. ¿Ves a esta pareja? A ellos ________ he vendido dos pares de zapatos y ________ parecieron baratísimos. Al fin, ¿ ________ quedas con los zapatos rojos y ________ ________ vendo por 48 Euros?

– No sé, ¿cuánto quieres por este bolso de cuero azul?

– No ________ vendo porque es mío. Pero, ¿ya no estás interesada en los zapatos rojos? ¡Prueba________ ! Seguro que ________ quedan superbién.

– No busco zapatos para mí. ________ ________ quiero regalar a mi amiga. Vale, entonces da________ y yo te doy 45 Euros. ¿De acuerdo?

¡Bebed Koca Lola!

12. Der Imperativ

Bildung

Der Imperativ ist die Befehlsform. Wenn man einen Befehl ausspricht, redet man jemanden an, also gibt es nur vier Formen: Man duzt eine oder mehrere Personen oder siezt sie.

	saltar	***beber***	***subir***
(tu)	salt**a**	beb**e**	sub**e**
(vosotros)	salt**ad**	beb**ed**	sub**id**
(Usted)	salt**e**	beb**a**	sub**a**
(Ustedes)	salt**en**	beb**an**	sub**an**

Die Du-Form des Imperativ ist identisch mit der 3. Person Singular Präsens.

Spricht man mehrere Personen an und duzt sie, wird an diese Form ein *-d* angehängt.

¡Ojo! Bei Verben auf -ir wird das *-e* zu *–i*.

Siezt man die angesprochene Person, verändert sich der hintere Vokal: Bei Verben auf *-ar* wird *–a* zu *-e* und bei Verben auf *-er* und *-ir* wird der Endvokal zu *-a*.

Bei mehreren Personen wird an diese Form noch ein *-n* angehängt.

1 Beschrifte die Plakate! Wähle je nach Artikel entweder die Du/Ihr-Form bzw. die Sie-Form und benutze die über dem Plakat stehenden Verben.

(probar, limpiar la casa)

(beber, comprar)

2 Stell dir vor, dass du Mutter oder Vater von drei lebhaften Kindern bist, die morgens zur Schule gehen müssen und ohne konkrete Anweisungen alles falsch machen bzw. vergessen.

1. ¡Niños, ___mirad___ (mirar) el reloj, ya es muy tarde!
2. ¡Marco y Juan, ___llevad___ (llevar) el paraguas, porque está lloviendo!
3. ¡Ana, ___~~coge~~ coje___ (coger) tu impermeable!

(leer, informarse)

(alquilar, vivir)

4. ¡Marco, deja (dejar) la puerta cerrada, todavía no salimos!

5. ¡Hijos, pensad (pensar) en comprar leche después del colegio!

6. ¡Niños, tomad (tomar) ya las mochilas y nos vamos!

7. ¡Marco, abre (abrir) la puerta!

8. ¡Juan, cierra (cerrar) bien la puerta!

Es gibt auch einige **unregelmäßige Formen**. Diese kannst du nicht ableiten, du musst sie lernen. Die wichtigsten sind:

dar	*decir*	*hacer*	*ir*	*oír*	*poner*
da	di	haz	ve	oye	pon
dad	decid	haced	id	oíd	poned
dé	diga	haga	vaya	oiga	ponga
den	digan	hagan	vayan	oigan	pongan

salir	*ser*	*tener*	*traer*	*venir*
sal	sé	ten	trae	ven
salid	sed	tened	traed	venid
salga	sea	tenga	traiga	venga
salgan	sean	tengan	traigan	vengan

3 Was sagst du, wenn ...

1. du beim Kellner ein Glas Cola bestellen möchtest? (traer – un vaso de cola – para mí)

2. du beim Bäcker ein Brot kaufen willst? (dar – una barra de pan a mí)
   De una barra de pan a mí

3. du willst, dass deine Schwester den Fernseher einschaltet? (encender – el televisor)
   Encende el televisor

4. du fremde Leute aufforderst, dein Haus zu verlassen? (salir – de casa)
   Salgan de casa

5. du deinen Lehrer um Aufmerksamkeit bittest? (oír)
   Oiga !

6. du einen Touristen aufforderst, seine Tasche auf den Tisch zu stellen? (poner – en la mesa)
   Ponga en la mesa

4 Forme die folgenden Sätze um, indem du die *„tener que*-Konstruktion" durch einen Imperativ ersetzt.

Tienes que pensar siempre en lo bueno.	Piensa Pensad
Tiene que calentar la sopa.	Calenta
Tenéis que ser muy atentos.	
Tienes que hacer tus deberes.	
Tienen que venir en seguida.	
Tienen que estar preparados para mañana.	

¡Ojo!

Bei der Bildung von Imperativen ist noch etwas sehr Wichtiges zu beachten, das du in der folgenden Übung anwenden kannst. So kann es passieren, dass sich durch das Anhängen des *e* bzw. *en* in der dritten Person die Schreibweise des Verbs ändert. Das hängt damit zusammen, dass die Aussprache erhalten bleiben muss.

Ejemplo: colgar la ropa

(tú) ¡Cuelga la ropa!
(vosotros) ¡Colgad la ropa!
(Usted) ¡Cuel**gu**e la ropa!
(ustedes) ¡Cuel**gu**en la ropa!

Diese veränderte Schreibweise hängt damit zusammen, dass *g* im Spanischen vor *a*, *o*, *u* wie das deutsche „g" gesprochen wird, vor *e* und *i* aber wie „ch" in „machen". Damit der ursprüngliche Laut „g" erhalten bleibt, müssen wir nun *gu* vor *e* und *i* schreiben.

Die Schreibweise verändert sich auch bei Verben, die auf *-car* enden.

Ejemplo: sacar, ¡Saca! ¡Saque! ¡Sacad! ¡Saquen!

Und bei Verben, die auf *-ger* enden, wird das *g* zu *j*.

Ejemplo: ¡Coja!

Ein Tipp, der immer gut funktioniert: Wenn du dir unsicher bist, wie die Form der dritten Person Singular und Plural zu bilden ist, dann bilde zuerst die 1. Person Singular Präsens, streiche die Endung *o* weg und hänge die Imperativendung an (*e* / *en* bei Verben auf *-ar*, *a* / *an* bei Verben auf *-er*, *-ir*).
Versuche es einmal mit *tener*!

	1. Sg. Präsens	***Usted***	***Ustedes***
ten-er:	yo teng-o	¡teng-a!	¡teng-an!
ped-ir:	yo pid-o	¡pid-a!	¡pid-an!
proteg-er:	yo prote-j-o	¡prote-j-a!	¡prote-j-an!

5 Bilde nun von folgenden Verben die Imperative in der dritten Person Singular und Plural und du wirst sehen, wie leicht das ist.

Infinitiv	1. Person Singular	Imperativ, Vd.	Imperativ, Vds.
construir			
comunicar			
poder			
marcar			
rogar			
buscar			
seguir			
permitir			

Gebrauch und Stellung innerhalb des Satzes

¡Cállate!
¡Haz los deberes!
¡Lee el texto!
¡Escribe 150 palabras!

Da es sich um einen Befehl handelt, steht dieser Satz immer in Ausrufezeichen. Du kennst diese Form schon aus dem Unterricht.

Auch in der Werbung werden wir häufig mit dieser Form konfrontiert. Die entsprechenden Produkte sind deiner Fantasie überlassen.

¡Cómprelo!
¡Coma ....!
¡Beba...!

Schwierig wird es, wenn Personalpronomen dazu kommen. Diese stehen nach dem Verb.

Die Stellung ist im Prinzip dieselbe wie bei den anderen Zeiten, natürlich kann das Verb auch ganz allein stehen.

¡Anda!

Dame el libro!
¡Dámelo!

¡Ojo! Beim letzten Beispiel muss auf die betonte Silbe ein Akzent gesetzt werden.

6 Bilde Imperativsätze. Ersetze in einem zweiten Schritt das Objekt durch ein passendes Pronomen.

1. tú – dar – me – el libro *¡Dame el libro! ¡Dámelo!*
2. Vds. – abrir – el cajón ____________________
3. Vd. – apagar – la máquina – antes de irse ____________________
   ____
4. tú – volver – a llamar ____________________
5. Vds. – levantarse ____________________
6. vosotros – explicar – me – la situación ____________________
   ____
7. Vd. – ofrecer – sus libros ____________________
8. tú – despedirse ____________________

7 In dieser abschließenden Übung kannst du noch einmal überprüfen, ob du nun gut im Befehlen bist. Fülle die Lücken im Text durch Imperative und du erhältst eine Anleitung zum „Glücklichsein"! Du kannst den Text in allen vier möglichen Formen ausfüllen, du findest alle im Lösungsheft.

¡ ____________________ (olvidar) todo el trabajo!

¡ ____________________ (pensar) en las próximas vacaciones!

¡ ____________________ (acordarse) del sol y de la buena comida en un restaurante!

Ahora hay que actuar:

¡ ____________________ (llamar) a un buen amigo o una buena amiga!

¡ ____________________ (hacer) una entrevista!

¡ ____________________ (ponerse) guapo/a/os/as.

¡ ____________________ (llevar) todo su dinero o la libreta con los cheques!

¡ ____________________ (coger) un taxi!

¡ ____________________ (pasar) toda la noche sin pensar en el mañana!

Du kannst 9 x 4 richtige Lösungen erreichen! Dein Ergebnis:

Aquel tipo me gusta ...

13. Die Demonstrativpronomen

Bei den Demonstrativpronomen (diese/r/s, jene/r/s) gibt es im Spanischen eine Besonderheit. Sie richten sich nach der Perspektive des Sprechers **oder** des Angesprochenen, je nachdem, was hervorgehoben werden soll. Passend zu den Demonstrativpronomen gibt es verschiedene Lokaladverbien.

Demonstrativpronomen	*passende Lokaladverbien*	*Gebrauch*
este, esta, esto, estos, estas	aquí (etwa: hier)	in der Nähe des Sprechers
ese, esa, eso, esos, esas	ahí (etwa: da)	in der Nähe des Angesprochenen
aquel, aquella, aquello, aquellos, aquellas	allí (etwa: dort)	weder für den Sprecher noch für den Angesprochenen erreichbar

Die Demonstrativpronomen werden genau wie die Adjektive an das bezeichnete Subjekt angeglichen.

Ejemplo: ¡Dame esas blusas, por favor!

1 Ergänze die Dialoge, indem du die richtigen Demonstrativpronomen einsetzt.

______ niña no me deja en paz.

No quiero jugar con ______ niño.

______ pelota es mía.

______ es tu mochila?

No, ______ no es mía.

______ es mi mejor amiga.

¿Quién te ha pegado?

¿ ______ chico?

______ chicos no los conozco.

Demonstrativpronomen werden genau wie Adjektive an das Subjekt angeglichen.

2 Gib die richtigen Antworten, die Elemente sind in den jeweiligen Situationen vorgegeben. Mit jedem Verb kannst du einen Satz bilden.

En una tienda de modas

1. ¿Puedo probar esos pantalones verdes? ¿Qué talla es?
   ser una 38 / no ser su talla / aquel / pantalones / azul / ser su talla

2. Esta camisa me gusta. ¿Cuánto vale?
   valer / 700 Euros. Aquel / camisa / amarillo / estar rebajada

3. Estas medias me parecen muy grandes.
   sí / ese / medias / ser / grande / aquel / medias / ser / pequeño

En la farmacia

4. Esas gotas son muy amargas.
   sí / pero / aquel / gotas / ser / dulce

5. Me gustaría comprar parches de colores para los niños.
   este / parche / ser / colorado

6. Necesito una crema contra los dolores en los pies.
   ese / crema / blanco / ayudar mucho / ser bueno

En una tienda de muebles

7. Queremos comprar un armario chico para el pasillo.
   puede mirar / aquel / armarios / ahí abajo / ser / chico

8. ¿Aquellas sillas son de madera?
   no / pero tocar / ese / silla / ser de pura madera

9. Mi hijo necesita una cama blanda.
   este / camas / ser / todo / muy blando

Her mit den besseren Noten!

Das bewährte **Besser in ... -Lernhilfenprogramm** gibt es komplett in Neuausgabe für Deutsch, Englisch und Mathematik von Klasse 5–10: Je ein vierfarbiger Band pro Fach und Jahrgang deckt alle wichtigen Lehrplanthemen ab.

Übungen, Tipps, Lösungshilfen und die wichtigsten Regeln zum Nachschlagen und Lernen für zu Hause und unterwegs. Mit separatem Lösungsheft – zur Selbstkontrolle oder für die Eltern.

	ISBN 3-589-
Deutsch 5. Klasse	21809-6
Deutsch 6. Klasse	21811-8
Deutsch 7. Klasse	21812-6
Deutsch 8. Klasse	21813-4
Deutsch 9. Klasse	21814-2
Deutsch 10. Klasse	21815-0

	ISBN 3-589-
Englisch 5. Klasse	21816-9
Englisch 6. Klasse	21817-7
Englisch 7. Klasse	21818-5
Englisch 8. Klasse	21819-3
Englisch 9. Klasse	21820-7
Englisch 10. Klasse	21821-5

	ISBN 3-589-
Mathe 5. Klasse	21822-3
Mathe 6. Klasse	21823-1
Mathe 7. Klasse	21825-8
Mathe 8. Klasse	21826-6
Mathe 9. Klasse	21827-4
Mathe 10. Klasse	21828-2

Die folgenden Titel liegen weiterhin in zweifarbiger Ausstattung vor:

	ISBN 3-589-
Französisch Grammatik 1. Lernjahr	21831-2
Französisch Grammatik 2. Lernjahr	21832-0
Französisch Grammatik 3./4. Lernjahr	21833-9
Latein Grammatik 1./2. Lernjahr	21830-4
Spanisch Grammatik 1./2. Lernjahr	21829-0

Cornelsen
Power Learning

Fragen Sie bitte in Ihrer Buchhandlung!